AMAZON FBA
Cómo empezar a vender

Jack S. Hood

Sección 1: Introducción y conceptos básicos..............................6

Amazon Seller Central. La nueva era de los exploradores comerciales...6

De Riaño al Mundo. Convierte las pasiones en negocios globales con Amazon Seller Central...9

Amazon Seller Central: Tu puerta de entrada a un universo de oportunidades...12

Sección 2. Fundamentos de FBA...**15**

FBA y Marca Privada. La combinación perfecta para el éxito en Amazon...15

¡Bienvenido al show de Amazon Seller Central!.............................20

Amazon FBA Marca Privada: El sueño emprendedor que NO cuesta un riñón...22

Sección 3. De principiante a experto..**25**

Amazon FBA y el camino Jedi: El secreto para triunfar sin caer en el lado oscuro..25

Domina el arte de crear una cuenta de vendedor en Amazon Seller Central (sin perder la cordura)..29

Sección 4. Investigación de nichos y productos...........................**32**

Cazadores de tesoros. Descubriendo el nicho dorado......................32

Descifrando los Subnichos...34

De la Jungla de Amazon al tesoro escondido. Secretos (y un poco de magia) para descubrir tu subnicho ideal...39

Sección 5. Selección de productos...**41**

A propósito de agujas y pajares…..41

¿Vendiendo a ciegas? Aprende a medir la demanda primero..............45

La sinfonía de la venta...48

El misterio del producto perfecto. Spoiler, no es tan misterioso..........51

Analiza la viabilidad económica de tu producto. El A,B,C de la rentabilidad..56

El Juego de las Mil opciones. Encuentra tu carta ganadora en Amazon. Dónde buscar..60

Sección 6. Proveedores...**66**

Proveedores... ¿ángeles salvadores o demonios disfrazados?.................66

Alibaba. Cómo no perderte en la jungla de proveedores.................... 70

1688. Desentrañando el misterio del Chino simplificado...................... 73

¡Compra bien, vende mejor! Guía práctica.................................... 74

Dominando el arte de pagar a los proveedores en Amazon FBA........ 77

Cómo comunicarte con los proveedores....................................... 80

Control de calidad el verdadero 'Prime' del éxito............................ 82

Sección 7. Logística.. 85

La logística de Amazon FBA. Un camino a la escalabilidad................. 85

Logística en Amazon FBA: EFN, PAN EU y MCI............................ 88

Sección 8. Importaciones... 91

De la aduana al éxito. Cómo importar y vender en Amazon................. 91

Transitarios y Agentes de Aduanas. Los guardianes del comercio
internacional... 93

Importación. Incoterms.. 98

Importación. Transporte.. 102

Importación. Impuestos... 104

Sección 9. Branding.. 106

Marca Privada.. 106

Brand Registry Manager.. 109

Sección 10. Listing.. 112

The listing... 112

Listing. Título... 115

Listing. Viñetas.. 117

Listing. Descripción... 122

Listing. Imágenes... 127

Sección 11. Precio.. 130

El precio. ¿Atracción o repulsión? El poder de un precio adecuado
en Amazon FBA.. 130

Promociones... 132

Sección 12. Lanza. Posiciona. Prueba social.................... 137

¡Despegue exitoso! Planifica, ejecuta y optimiza el lanzamiento de
tu producto en Amazon FBA... 137

A9.. 140

4

Reseñas...142

Sección 13. Publicidad & Métricas............................... 145

Publicidad. Amazon ADS...145

Métricas en Amazon ADS.. 147

Métricas clave para vendedores de Amazon FBA de marca privada...150

Sección 14. Mapa..152

Fases para triunfar en Amazon FBA con Marca Privada....................152

Gracias...155

$ $ $ $ $

Sección 1: Introducción y conceptos básicos

Amazon Seller Central. La nueva era de los exploradores comerciales

En la era del comercio digital, donde las compras en línea han transformado radicalmente la manera en que compramos y vendemos, Amazon se destaca como un protagonista principal. Esta plataforma se ha convertido en el punto de encuentro esencial para la oferta y la demanda, brindando innumerables oportunidades tanto para vendedores como para consumidores.

¿Te imaginas una tienda que funcione ininterrumpidamente, las 24 horas del día, los 7 días de la semana, satisfaciendo las necesidades de millones de personas en todo el mundo? ¡Al convertirte en vendedor de Amazon, tienes la oportunidad de lograr justamente eso!

Más que una tienda en línea, Amazon Seller Central se presenta como el nuevo mar Mediterráneo del siglo XXI.

Así como los fenicios, antiguos expertos en el comercio marítimo, conectaban culturas y construían imperios a través del mar, tú puedes ser un explorador moderno, navegando las vastas aguas del comercio electrónico y conquistando nuevos mercados.

¿Por qué unirte a esta travesía? Las razones son tan numerosas como las oportunidades que Amazon te ofrece:

Alcance global sin precedentes. Vende tus productos a millones de clientes en todo el mundo, sin necesidad de abrir tiendas físicas costosas o invertir en publicidad tradicional.

Facilidad de uso. Amazon te proporciona una plataforma intuitiva y sencilla para gestionar tu negocio, desde la creación de listados hasta la atención al cliente.

Flexibilidad. Elige qué productos vender, define tus precios y estrategias de marketing, y controla tu propio horario de trabajo.

Escalabilidad ilimitada. Tu negocio puede crecer al ritmo que desees, sin limitaciones de espacio o personal.

Soporte integral. Amazon te ofrece como vendedor una amplia gama de recursos y herramientas para ayudarte a tener éxito, desde guías y tutoriales hasta programas de capacitación y asistencia personalizada.

¿Te atrae la idea de ganar dinero mientras duermes?

Con Amazon, es posible. Automatiza procesos, implementa estrategias de marketing efectivas y observa cómo tus productos se venden mientras tú disfrutas de tu tiempo libre.

Convertirse en vendedor de Amazon no es solo una decisión de negocio, es una aventura empresarial. Embárcate en este viaje y descubre el potencial ilimitado que te ofrece este gigante del comercio electrónico.

Recuerda, Amazon Seller Central es tu brújula para navegar hacia el éxito en el mar digital. ¡No pierdas la oportunidad de convertirte en un mercader moderno y forjar tu propia historia de éxito!

Clave

La historia está llena de ejemplos de valientes comerciantes y exploradores que se aventuraron en lo desconocido en busca de oportunidades. Los fenicios, con su habilidad en la navegación, y Marco Polo, con sus relatos de tierras lejanas, abrieron rutas comerciales que cambiaron el mundo.

Hoy, en el siglo XXI, nosotros también podemos ser exploradores comerciales, pero en un mundo digital, gracias a Amazon Seller Central.

La piedra angular del comercio electrónico.

Amazon se ha erigido como la piedra angular del comercio electrónico, siendo el epicentro donde convergen la oferta y la demanda en la era digital. Imagina tener una tienda que nunca cierra, abierta las 24 horas del día, los 365 días del año, y accesible desde cualquier rincón del planeta.

Vender en Amazon es una mina de oportunidades para vendedores y consumidores por igual.

Desbloquea tu potencial.

Este libro es tu guía en este emocionante viaje. Exploraremos cómo aprovechar las rutas de comercio contemporáneas y desbloquear tu potencial para el éxito en la economía global en línea. Desde la selección de productos hasta las estrategias de marketing, te mostraremos cómo navegar por Amazon Seller Central con destreza y confianza.

Libertad financiera a tu alcance.

Así como los fenicios y Marco Polo encontraron riqueza y prosperidad en sus viajes, Amazon Seller Central representa nuestra ruta hacia la libertad financiera. Imagina ganar dinero mientras duermes, despertando cada día con nuevas ventas y oportunidades. Esto no es un sueño lejano; es una realidad alcanzable gracias a las oportunidades modernas que ofrece este gigantesco marketplace.

$ $ $ $ $

De Riaño al Mundo. Convierte las pasiones en negocios globales con Amazon Seller Central

"Si realmente quieres hacer algo, encontrarás una manera. Si no, encontrarás una excusa."

Jim Rohn

Imagina convertir tu pasión en un negocio rentable que llegue a millones de personas en todo el mundo. Esa es la realidad que Amazon Seller Central ha hecho posible para miles de personas como tú.

En la pintoresca localidad de Riaño, Asturias, España, reside María, una artesana dedicada a la elaboración de mermeladas caseras con frutas locales. Un día, se planteó una pregunta que cambiaría su vida: ¿podría compartir sus deliciosas mermeladas con el mundo a través de Amazon Seller Central?

La historia de María no es única. Desde empresas que buscan expandirse hasta jubilados que desean mantenerse activos, Amazon Seller Central ha abierto un mundo de oportunidades para personas de todas las edades y experiencias. Este capítulo te sumergirá en las posibilidades que ofrece esta plataforma, conectándote con productos y sabores auténticos como las mermeladas de María, que desde un pequeño pueblo de 779 habitantes vende en Estados Unidos, Alemania, Australia, Francia y Reino Unido.

Amazon Seller Central: Tu llave al éxito global

"Si crees que puedes, ya estás a medio camino."

Theodore Roosevelt

Si te apasiona la idea de construir tu propio negocio, Amazon Seller Central te ofrece las herramientas y el alcance para hacerlo realidad. Sin importar tu experiencia o situación personal, esta plataforma puede ser tu puerta de entrada al éxito.

Idóneo para:

Emprendedores
Expande tu negocio a nivel nacional e internacional. Amazon te permite llegar a millones de clientes en todo el mundo, encargándose del almacenamiento, envío y atención al cliente, liberándote para que te enfoques en lo que realmente importa: hacer crecer tu negocio.

Jubilados y prejubilados
Mantente activo, genera ingresos adicionales y comparte tu experiencia. Disfruta de tu tiempo libre mientras generas ingresos adicionales y compartes tu conocimiento con el mundo.

Amas de casa
Convierte tu pasión en un negocio rentable. Vende productos online sin necesidad de experiencia laboral previa y aprende nuevas habilidades mientras generas ingresos desde casa.

Padres
Combina la crianza de tus hijos con una fuente de ingresos adicional.

Nómadas digitales
Viaja por el mundo mientras generas ingresos. Vende productos online desde cualquier lugar del mundo y disfruta de la libertad de trabajar desde cualquier lugar.

Hogareños digitales
Amazon Seller Central te permite trabajar desde casa y establecer tu propio horario, sin tener que depender de un jefe. Trabaja en remoto y controla tus finanzas.

Personas con discapacidades o problemas de salud
Trabaja desde casa y adapta tu entorno laboral a tus necesidades. Amazon Seller Central te ofrece la flexibilidad para trabajar a tu ritmo y desde cualquier lugar, sin limitaciones de movilidad o disponibilidad.

Estudiantes universitarios
Financia tus estudios y aprende nuevas habilidades.

Vende productos online en tus tiempos libres y durante las vacaciones académicas, generando ingresos adicionales y aprendiendo sobre comercio electrónico y marketing en línea.

Padres de niños pequeños
Permite trabajar desde casa y atiende las necesidades de tus hijos.

Trabajadores por cuenta ajena hartos
Toma el control de tu vida financiera y sé tu propio jefe.

Personas en transición de carrera
Explora nuevas oportunidades laborales mientras generas ingresos.

¿Cuál es tu razón para unirte a la revolución del comercio electrónico?

"Amazon FBA y la marca privada son la combinación ideal para jubilados, estudiantes o desempleados. Es una vía de emprendimiento con mínima inversión y un potencial de ingresos ilimitado, adaptándose a diferentes horarios y situaciones personales."

"Amazon Seller Central te abre las puertas a un mundo de oportunidades. Con dedicación, esfuerzo y la estrategia adecuada, puedes convertirte en un vendedor exitoso y alcanzar tus sueños."

$ $ $ $ $

Amazon Seller Central: Tu puerta de entrada a un universo de oportunidades

En el corazón de Andalucía, se encuentra el pintoresco pueblo de Grazalema, hogar de Isabel, una artesana dedicada a la elaboración de jabones artesanales con ingredientes naturales de la región. Un día, mientras contemplaba las impresionantes vistas desde su taller, Isabel se planteó una pregunta que cambiaría el rumbo de su negocio: ¿podría compartir sus jabones únicos con el mundo a través de Amazon Seller Central?

La historia de Isabel no es una excepción. Desde pequeñas empresas que buscan expandirse hasta emprendedores apasionados, Amazon Seller Central ha abierto un universo de posibilidades para personas de todas las edades y experiencias. Este capítulo te sumergirá en las oportunidades que ofrece esta plataforma, conectándote con productos y sabores auténticos como los jabones de Isabel, que desde un pueblo de 5.139 habitantes vende en Estados Unidos, Alemania, Francia, Italia y Reino Unido.

Amazon Seller Central. Tu pasaporte al éxito global.

"La razón clave para elegir Amazon como tu socio en ventas es simple: te brinda las herramientas, el alcance y la innovación para conquistar el mundo del comercio electrónico."

¿Te has imaginado tener un negocio online rentable, con un potencial de ingresos millonario, una inversión inicial mínima y una escalabilidad asombrosa? Amazon FBA es la clave para hacer realidad tus sueños.

Principales ventajas de vender en Amazon FBA con marca privada:

"Vender en Amazon FBA es una oportunidad real para aquellos que, de verdad, quieren tener el control de su vida."

Alcance global y visibilidad sin precedentes: Amazon te abre las puertas a un mercado global de más de 500 millones de compradores activos. Esta vasta red representa una oportunidad inigualable para dar a conocer tus productos y conquistar nuevos territorios comerciales.

Sin embargo, este acceso a una audiencia masiva no garantiza el éxito por sí solo. Es fundamental desarrollar estrategias sólidas para atraer a los clientes y convertirlos en compradores leales. En este libro, te acompañaremos en este viaje de crecimiento empresarial, guiándote paso a paso para dominar el arte de vender en Amazon y alcanzar el éxito que deseas.

Juntos, navegaremos por las aguas del comercio electrónico y descubriremos cómo aprovechar este mercado global para hacer crecer tu negocio a niveles que nunca imaginaste.

"En Amazon, el éxito de tu negocio está solo a un clic de distancia."

Con Amazon FBA, tus productos no solo ganan visibilidad, sino que también disfrutan de la oportunidad de aumentar las ventas de forma exponencial. Amazon trabaja incansablemente mientras duermes, viajas o disfrutas de tu tiempo libre, brindándote la tranquilidad de saber que tu negocio está en buenas manos mientras te dedicas a otras actividades.

"Amazon Seller Central, portal para acceder a tu cuenta de vendedor de Amazon, da exposición a tus productos 365 días X 24 horas en 21 países."

Confianza y seguridad para tus clientes.
La marca Amazon es reconocida y genera confianza en todo el mundo. Los usuarios que compran en el marketplace de Amazon confían en la calidad de los productos que se ofrecen, especialmente en aquellos que cuentan con reseñas positivas y la etiqueta "Prime". Además, Amazon establece estrictos estándares de servicio para los vendedores en su plataforma, lo que garantiza a los usuarios una experiencia de compra excepcional que incluye políticas de devolución favorables, atención al cliente de alta calidad y entregas dentro de los plazos prometidos.

Reducción significativa de gastos en marketing.

Dado que millones de usuarios visitan Amazon diariamente en busca de productos, siguiendo nuestras estrategias para vender en Amazon y optimizando adecuadamente tus listados, puedes incrementar tus ventas sin necesidad de realizar grandes inversiones en publicidad, como sería necesario si tuvieras una tienda online independiente.

Inversión.

En cuanto a los **gastos e inversión inicial**, comenzar como vendedor en Amazon requiere una inversión considerablemente menor y menos recursos en comparación con la creación de una tienda online independiente. Vender en Amazon es un proyecto viable, recomendable y con resultados a corto plazo.

Control total sobre tu marca y catálogo.

Como vendedor en Amazon, tienes el control absoluto sobre tu marca (si decides vender con tu propia marca registrada en Brand Registry, lo cual te explicaremos más adelante), el contenido de tus productos y tu catálogo. Tú decides qué productos publicar y cuáles no, sin restricciones ni imposiciones de terceros.

Ventas directas al cliente final y construcción de una sólida reputación.

Vendes directamente al cliente final y tienes la opción de ofrecer el servicio Prime, lo que contribuye a construir una sólida reputación en Amazon. Esto se traduce en envíos rápidos y seguros, una gestión eficiente de devoluciones y un alto nivel de calidad en el servicio al cliente.

Posicionamiento en buscadores y mayor visibilidad.

No solo posicionarás tu marca y productos en Amazon, sino que también mejorarás la presencia en Google y otros buscadores que remiten usuarios a Amazon.

Sección 2. Fundamentos de FBA

FBA y Marca Privada. La combinación perfecta para el éxito en Amazon

"El éxito en el comercio electrónico no se mide solo en ventas, sino en cómo delegas eficientemente para crecer exponencialmente."

En una pequeña ciudad llamada Boulder, Colorado, Emily decidió lanzar su marca de mochilas ecológicas. Como cualquier emprendedora apasionada, Emily sabía que necesitaba aprovechar todas las herramientas posibles para llevar su negocio a nivel "Top". En este punto de su historia es donde Amazon Seller y la logística FBA (Fulfillment by Amazon) entraron en juego, revolucionando su forma de emprender y crecer.

¿Por qué Emily eligió la logística FBA de Amazon?
En Amazon, existen dos métodos logísticos principales: Fulfillment by Merchant (FBM) y Fulfillment by Amazon (FBA). Con FBM, te encargas personalmente del almacenamiento, empaquetado y envío de tus productos. Tú lo haces todo, el resultado suelen ser dolores de cabeza y malestar general. Todo problemas.

Con FBA, Amazon se hace cargo, te permite enfocarte en lo que realmente importa: hacer crecer tu negocio, buscar nuevos productos, lanzar y expandirte por los distintos marketplaces de Amazon en distintos continentes (Europa, América, Asia)...

Características de logística de Amazon FBA:

Almacenamiento y envío eficientes.
Amazon FBA se encarga del almacenamiento, embalaje y envío de tus productos. Imagina no tener que llenar tu garaje con cajas o pasar horas empacando pedidos. Emily liberó espacio en su casa y tiempo en su agenda para diseñar nuevas mochilas y estrategias de marketing, mientras Amazon se encargaba de la logística.

Acceso a la red de centros de distribución.

Tus productos se almacenan en los centros de distribución de Amazon, garantizando entregas rápidas y eficientes a tus clientes. Las mochilas de Emily llegaban a clientes en todo Estados Unidos en tiempo récord, aumentando la satisfacción y las reseñas positivas.

Servicio al cliente y devoluciones.

Amazon gestiona el servicio al cliente y maneja las devoluciones. Imagina no tener que lidiar con clientes frustrados por una entrega tardía o productos defectuosos. Emily descansaba tranquila sabiendo que Amazon se encargaba de estos aspectos, permitiéndole centrarse en mejorar y expandir su línea de productos.

Amazon Prime: Visibilidad y confianza.

Los productos gestionados por FBA son elegibles para Amazon Prime, lo que les da mayor visibilidad y atractivo. Muchos clientes filtran sus búsquedas por la etiqueta Prime, lo que significó que las mochilas de Emily se mostraban primero, generando más ventas y confianza entre los compradores.

Mayor exposición y visibilidad.

Los productos FBA se destacan como "Gestionados por Amazon". Esto no solo mejora tu posicionamiento en los resultados de búsqueda, sino que también brinda confianza adicional a los compradores. Los amantes de las mochilas buscaban productos seguros y confiables, y al ver la etiqueta FBA, sabían que podían confiar en la calidad y servicio de los productos de Emily.

Gestión Simplificada de Inventario.

Amazon supervisa tu inventario y facilita la reposición automática de stock. Esto permite a los vendedores mantener un control y optimización de sus existencias sin el dolor de cabeza de monitorizar cada artículo manualmente. Emily usaba esta función para asegurarse de nunca quedarse sin sus diseños más populares durante la temporada escolar.

Internacionalización.

FBA permite ampliar tu alcance vendiendo en múltiples países a través de la red logística global de Amazon. Las mochilas de Emily no solo estaban en las manos de clientes en Estados Unidos, sino también en Canadá y México, sin complicaciones adicionales.

Mejora tu credibilidad.

La asociación con Amazon FBA aumenta la confianza del cliente en la calidad del servicio y los productos.

Emily notó un incremento en la lealtad de sus clientes y en las recomendaciones de boca en boca, gracias a la reputación de Amazon.

Enfoque en hacer crecer el negocio.

Al externalizar las operaciones logísticas a FBA, puedes concentrarte en las estrategias de crecimiento y desarrollo de tu negocio. Emily dedicaba más tiempo a desarrollar nuevas mochilas y a estrategias de marketing, en lugar de preocuparse por la logística diaria.

El lío de las devoluciones…, resuelto.

Olvídate del caos logístico y administrativo de las devoluciones de productos. Amazon maneja todo esto, lo que te ahorra tiempo y reduce el estrés. Emily no tenía que preocuparse por las devoluciones de mochilas defectuosas o dañadas, ya que Amazon se encargaba eficientemente de todo el proceso.

¿Por qué vender en amazon con marca privada?

Ahora que has visto cómo Amazon FBA puede transformar tu logística, veamos por qué vender en Amazon con tu propia marca privada es una jugada maestra.

Control de tu marca.

Tienes el control total sobre la imagen que deseas proyectar y cómo deseas que tus productos sean percibidos por los clientes. Puedes construir una marca y mantener su integridad a lo largo del tiempo. Emily diseñó mochilas con materiales reciclados, proyectando una imagen de sostenibilidad y calidad.

Diferenciación de productos frente a la competencia.

Al tener una marca propia, puedes diferenciar tus productos de los demás en el mercado. Ofrece características únicas, diseños atractivos, empaques innovadores, etc. Todo esto ayuda a destacar entre la multitud y atraer a los clientes hacia tus productos. Las mochilas de Emily destacaban por sus colores vibrantes y su compromiso con el medio ambiente.

Márgenes de beneficio más altos.

Adquirir productos directamente de fabricantes o proveedores permite reducir costes significativamente en comparación con la reventa de productos de otras marcas. Con tu propia marca, puedes establecer precios más altos para los productos en comparación con los productos genéricos. Emily disfrutaba de márgenes de beneficio más atractivos, reinvirtiendo en su negocio para seguir creciendo.

Crea un activo que poder vender en el futuro.

Al construir una marca exitosa, creas un activo que puedes vender en el futuro. Una marca exitosa con un historial de ventas sólido atrae a compradores potenciales. Emily construyó una marca reconocida que eventualmente podría vender o licenciar, proporcionando seguridad financiera a largo plazo.

Mayor defensa frente a secuestradores de listings (Hijackers).

Cuando tienes una marca propia, es más difícil para los secuestradores de listings robar tus ventas. Puedes registrar la marca en Amazon y proteger tus listings de estos secuestradores. Emily registró su marca, protegiendo sus innovadores diseños de mochilas de imitaciones de baja calidad.

Personalización del producto.

La personalización es una de las ventajas más destacadas de la marca privada. Tienes la flexibilidad para ajustar y mejorar los productos de acuerdo con las necesidades y deseos de los clientes. Emily analizaba las opiniones de los clientes y ajustaba sus diseños para resolver problemas comunes, ofreciendo mochilas que se adaptaban mejor a las necesidades de sus usuarios.

Listings y control creativo en Amazon.

Al lanzar productos de marca propia, creas nuevos listings en Amazon. Tienes el control total sobre elementos cruciales, como imágenes, precios, contenido de anuncios y palabras clave.

Puedes realizar cambios en cualquier momento. Emily controlaba cada aspecto de sus listings, asegurándose de que representaran fielmente la calidad de sus mochilas.

Sin competencia por la Buy Box.

Con la marca privada, no compites por la Buy Box. Eres el único vendedor en tu listing y tienes el 100% de la Buy Box para ti. Emily no tenía que preocuparse por la competencia directa en sus listings, manteniendo todas las ventas para ella.

Provisión de stock y escalabilidad.

Gestionar los productos de marca propia permite planificar y expandir el negocio de manera eficiente. Puedes prever y realizar pedidos a fábrica con más precisión y antelación. Conforme validas productos en un mercado, puedes decidir iniciar la expansión a otros marketplaces de Europa, EEUU, Australia… Emily planeaba expandirse a nuevos mercados internacionales, llevando sus mochilas a una audiencia global.

Contenido A+ y creación de Stores (tiendas).

Al registrar tu marca privada en Amazon, accedes a la función de "Contenido A+". Este conjunto de herramientas fortalece la visibilidad y el rendimiento de los productos en la plataforma. Puedes crear una tienda personalizada dentro del marketplace de Amazon, conocida como "Store". Emily usaba el Contenido A+ para mejorar la presentación de sus productos y su Store (tienda) para destacar su marca de manera profesional.

$ $ $ $ $

¡Bienvenido al show de Amazon Seller Central!

"En el escenario del comercio electrónico, Amazon Seller Central es tu pasaporte VIP hacia el éxito. ¡Prepárate para el espectáculo!"

Amazon Seller Central: Tu Backstage de Negocios en Amazon.

Entra en el fascinante mundo de Amazon Seller Central, donde los sueños de emprendedores se hacen realidad y los productos encuentran su camino hacia millones de clientes en todo el mundo.

El Show del inventario: Magia con logística FBA.
Descubre el arte de la gestión de inventario con Fulfillment by Amazon (FBA). ¡Deja que Amazon se encargue de la logística mientras disfrutas del espectáculo de ver tus productos volar de los almacenes directo a los hogares de tus clientes!

Pedidos en el escenario: Gestión ágil y eficiente.
En el escenario de Amazon Seller Central, los pedidos son la estrella del espectáculo. Desde la selección de FBA o FBM hasta la entrega puntual, cada pedido es una actuación impecable que deja a tus clientes con una sonrisa en el rostro.

Los bastidores del éxito: Informes detallados.
¡No te pierdas ni un solo detalle! Con informes detallados, podrás ver el rendimiento de tus productos y tomar decisiones informadas para impulsar tu negocio hacia el estrellato.

Soporte VIP: Atención al cliente y asistencia.
En el mundo de Amazon Seller Central, el servicio al cliente es una prioridad. Con el respaldo de Amazon, puedes estar seguro de que tus clientes recibirán la atención que merecen, dejándote libre para centrarte en lo que mejor sabes hacer: ¡vender!

Luces, cámara, acción: Oportunidades de marketing y publicidad.
¡Haz que tu producto brille en el escenario con Amazon ADS! Descubre las oportunidades de marketing y publicidad que te ayudarán a destacar entre la multitud y atraer a nuevos clientes a tu espectáculo.

Gestión simplificada de devoluciones y reembolsos.
Con Amazon FBA, ellos se encargan del proceso, garantizando una experiencia sin complicaciones para tus clientes.

El equipo de apoyo: Soporte técnico y asistencia.
Cuando necesites ayuda, el equipo de soporte técnico de Amazon estará ahí para ti. Aunque puede que el servicio no sea perfecto, es un recurso valioso que te ayudará a superar cualquier obstáculo en tu camino hacia el éxito.

$ $ $ $ $

Amazon FBA Marca Privada: El sueño emprendedor que NO cuesta un riñón

¿Cuánto necesitas para empezar?

"El éxito en el mundo del comercio electrónico no se trata solo de cuánto dinero tienes para invertir, sino de la creatividad, perseverancia y ejecución efectiva de tus ideas."

Un estudio de Jungle Scout reveló que el 48% de los vendedores de Amazon FBA de Marca Privada comenzaron con una inversión inicial entre **$501** y **$5.000**.

¿Cómo es posible? Te presentamos las claves:

1. Elige un producto con potencial:
Investiga las tendencias del mercado y las necesidades de los consumidores.
Valida tu idea de producto con herramientas como Jungle Scout o Helium 10.
Apuesta por un nicho de mercado con demanda y poca competencia.

2. Comienza con pequeñas cantidades:
No necesitas comprar miles de unidades en tu primer pedido.
Valida tu producto con un inventario inicial reducido.
Invierte en muestras para asegurarte de la calidad del producto.

"Con un enfoque estratégico y una actitud resiliente, puedes convertirte en un titán del comercio electrónico en Amazon."

3. Aprovecha recursos gratuitos y de bajo costo:
Existen multitud de herramientas y plataformas gratuitas para ayudarte en tu negocio.
Puedes crear tu propio diseño de producto y fotografías de calidad con recursos básicos (Canva, Photox).
Aprovecha cursos online y tutoriales para formarte en Amazon FBA Marca Privada.

4. Prioriza el crecimiento gradual:
Reinvierte las ganancias obtenidas para aumentar tu inventario y expandir tu negocio.
Céntrate en optimizar tus estrategias de marketing y publicidad.
Analiza tus resultados y toma decisiones estratégicas basadas en datos.

5. Sé paciente y perseverante:
El éxito en Amazon FBA Marca Privada no ocurre de la noche a la mañana.
Requiere esfuerzo, dedicación y una visión a largo plazo.
Aprende de tus errores y mantén una actitud positiva frente a los desafíos.

Recuerda.
La inversión inicial no define tu éxito. La clave está en la gestión inteligente, la validación de productos y la ejecución estratégica. Con poco capital y mucho ingenio, puedes convertirte en un maestro de Amazon FBA Marca Privada.

Comienza hoy mismo tu viaje hacia el éxito en Amazon FBA Marca Privada y demuestra que, con pasión y determinación, los sueños se hacen realidad.

"El éxito en Amazon FBA Marca Privada no se mide en euros, sino en creatividad, inteligencia y esfuerzo."

"Emprender en Amazon FBA Marca Privada con poco capital es posible: ¡desmitifica el mito y comienza hoy mismo!"

Veamos un ejemplo de **inversión limitada** para seguir aprendiendo a utilizar la plataforma y validar un producto.

Queremos vender **fundas de Iphone 15 Pro** importadas de China para vender en amazon España y posteriormente en el resto de marketplaces de Europa, EEUU y Emiratos Árabes Unidos.

Hipótesis de costes de lanzamiento I

Concepto	Importe	% vs Total
1. Cuenta en Amazon Seller Central. 3 meses (IVA incluido)	141,6 €	15,71%
2. Muestras	50 €	5,55%
3. Compra de productos al proveedor		
Peluches de juguetes para perros.		
100 unidades para validar (1,6€/unidad proveedor de alibaba)	160 €	17,75%
4. Costo Logístico para envío al almacén de Amazon. Transporte por barco.	96 €	10,65%
Incluye pago de aranceles y gastos de aduana.		0,00%
5. IVA importación (el importe afecta a tu tesorería)	54 €	5,96%
6. Diseño de producto y fotografías	50 €	5,55%
7. Registro de Marca en la OEPM (España)	150 €	16,64%
8. Campañas PPC (Pago por Clic)	30 €	3,33%
9. Formación: cursos e inversión en este libro (gracias)	50 €	5,55%
10. Herramientas de Análisis		
(2 meses de Jungle Scout, Helium 10, AMZ Scout)	120 €	13,31%
Total:	**901 €**	100,00%

Sección 3. De principiante a experto

Amazon FBA y el camino Jedi: El secreto para triunfar sin caer en el lado oscuro

"El éxito no consiste en nunca fallar, sino en levantarse cada vez que caes."
Winston Churchill

Conviértete en un "Maestro Jedi del Comercio Electrónico"

María, una apasionada defensora de la "**Fuerza Gatuna**", se embarcó en una audaz aventura en el mundo de Amazon FBA Marca Privada. Su objetivo: crear un imperio de juguetes para mascotas, un reino donde la diversión y el bienestar felino reinan supremos y todopoderosos.

Su campo de batalla, lejos de ser un lugar de guerra convencional, era un universo de pelusas, ronroneos y juegos. Un territorio donde las garras se afilaban con los juguetes y las batallas se libran por la conquista del afecto felino.

María, con su espada de creatividad y su escudo de determinación, se preparaba para enfrentar los desafíos que la esperaban en el mercado de juguetes para mascotas.

¿Podrá María conquistar el imperio de los juguetes para mascotas en Amazon FBA de Marca Privada? Embárcate en esta aventura junto a ella y descubre cómo transformar una pasión en un próspero negocio online.

María no era una simple aventurera, era una Maestra Jedi de Amazon FBA, una Yoda digital con un dominio excepcional de las estrategias de comercio electrónico. Con un análisis exhaustivo del mercado, María utilizó la "Fuerza" para identificar las tendencias, detectar las oportunidades y ubicar la demanda real de juguetes para mascotas.

Al establecer relaciones sólidas y confiables con proveedores, María forjó alianzas más fuertes que el apretón de mano de un wookiee, garantizando la calidad y el abastecimiento de sus productos. La gestión del inventario y los envíos se convirtieron en su mantra, evitando errores y asegurando una experiencia de compra impecable para sus clientes.

No solo sobrevivió en el competitivo mundo de Amazon FBA, ¡María triunfó! Su éxito no fue un golpe de suerte, sino el resultado de una ética de trabajo incansable, una pasión por los animales y una voluntad inquebrantable de superarse.

En este libro, seguiremos los pasos de María, aprendiendo de sus estrategias y descubriendo cómo convertir una pasión en un próspero negocio online en el imperio de los juguetes para mascotas de Amazon FBA.

En una charla con un mentor experto en Amazon FBA, María recibió la sabiduría suprema sobre las actitudes necesarias para triunfar como vendedora en este marketplace: disciplina, esfuerzo, formación e innovación.

— Esos cimientos, esos cuatro pilares mágicos son los que edificarán y sostendrán tu imperio en Amazon FBA de Marca Privada— le dijo su mentor.

Meses después, ¡María había logrado lo imposible! Se había convertido en la reina indiscutible de los juguetes para gatos en Amazon FBA de Marca Privada. Su historia es un testimonio de que la perseverancia y el compromiso pueden transformar una pasión en un próspero negocio online.

¡Bravo, María! ¡Tu tenacidad y espíritu emprendedor son una inspiración para todos!

¿Qué **mentalidad** hizo que María tuviera éxito?
- Visión estratégica: María investigó las tendencias del mercado, seleccionando un nicho competitivo, anticipando la demanda y la competencia.

- Persistencia: A pesar de la alta competencia, María estaba decidida a sobresalir y no se desanimó ante los desafíos iniciales.
- Enfoque en la calidad: Estableció relaciones sólidas con proveedores confiables para asegurar la calidad de sus productos.
- Flexibilidad: Adaptó su estrategia a las tendencias cambiantes del mercado y a las demandas de los clientes.
- Enfoque en el cliente: Priorizó la satisfacción del cliente, gestionando eficientemente el inventario y los envíos.
- Gestión del tiempo: Empleó una capacitación intensiva y la investigación de tendencias para tomar decisiones acertadas.
- Innovación: Mantuvo una mentalidad abierta a nuevas estrategias y oportunidades para mejorar continuamente su oferta.
- Habilidades de comunicación: Describió y presentó sus productos de manera atractiva en los listados de Amazon.
- Capacidad de comunicación y negociación: Estableció acuerdos con proveedores y relaciones duraderas con los clientes.
- Resistencia ante la presión: A pesar de los desafíos, María mantuvo la calma y tomó decisiones basadas en datos.
- Formación y aprendizaje continuo: Participó en una formación intensiva y buscó consejo de un mentor experimentado.

"El éxito no es un destino, es un camino que recorres con disciplina, esfuerzo, formación e innovación."

¿Qué hábitos hicieron de María una vendedora exitosa?
- Organización y disciplina: Gestionó su cuenta de Amazon, buscando constantemente mejorar la calidad, la atención al cliente y la eficiencia de los envíos.
- Perseverancia y mentalidad resiliente: Enfrentó los desafíos con una actitud positiva, buscando soluciones creativas.
- Proactividad: Buscó nuevas oportunidades de venta, explorando nuevos mercados o expandiendo su oferta.
- Establecimiento de metas claras y medibles: Trabajó diariamente para alcanzarlas, optimizando su catálogo y manteniendo altos estándares de calidad.
- Aprendizaje continuo: Actualizó sus conocimientos para mantenerse competitiva e innovar.

Recuerda.

La mentalidad y los hábitos correctos son cruciales para el éxito en Amazon FBA Marca Privada.

Con disciplina, esfuerzo, formación e innovación, puedes convertirte en un maestro Jedi del comercio electrónico y conquistar Amazon.

No te rindas ante los desafíos, aprende de ellos y sigue adelante con perseverancia.

"En el mundo de Amazon FBA Marca Privada, la mentalidad y los hábitos son tu armadura, tu espada y tu escudo."

"Conviértete en un maestro del comercio electrónico, domina las habilidades y conquista el imperio de Amazon."

$ $ $ $ $

Domina el arte de crear una cuenta de vendedor en Amazon Seller Central (sin perder la cordura)

"La persistencia es el camino del éxito."

Charles Chaplin

Cómo dar de alta una cuenta de vendedor en Amazon Seller Central.

¿Sueñas con convertirte en un vendedor exitoso en Amazon? ¡Abre las puertas de tu negocio al mundo online con esta guía detallada para crear tu cuenta de vendedor en Amazon Seller Central!

En este capítulo te guiaremos a través de un proceso sencillo en 8 etapas:

1. Reúne la información necesaria.
Antes de embarcarte en esta aventura, asegúrate de tener a mano lo siguiente:

- Correo electrónico exclusivo: Crea una dirección de correo electrónico específica para tu cuenta de Amazon Seller Central.
- Identificación oficial: Ten a la mano tu DNI o pasaporte sin caducar, junto con la dirección de domicilio actualizada.
- Comprobante de domicilio: Presenta una factura de servicio (luz, agua o gas) a tu nombre y con el domicilio de facturación correspondiente.
- Extracto bancario: Prepara un extracto bancario reciente para verificar tu información financiera.
- Detalles del negocio: Define claramente el tipo de negocio que representas y su ubicación.

2. Regístrate en Amazon Seller Central.
- Accede a la página web de Amazon Seller Central (https://sellercentral.amazon.com/) y haz clic en "Regístrate ahora".
- Ingresa la dirección de correo electrónico que elegiste y crea una contraseña segura con un mínimo de 6 caracteres.

- Amazon enviará un código de verificación a tu correo electrónico. Si no lo recibes, puedes solicitar otro haciendo clic en "Volver a enviar Código".

3. Indica tu ubicación y tipo de negocio.
- Tras verificar tu correo electrónico, proporciona detalles sobre la ubicación de tu empresa y el tipo de negocio que representas.
- Selecciona cuidadosamente el tipo de empresa adecuado, ya que esta información no se puede modificar posteriormente.

4. Proporciona información sobre la empresa.
- Completa un formulario con información relevante sobre tu empresa, incluyendo:
- Número de registro de la empresa (por ejemplo, RFC en algunos países, NIF).
- Dirección comercial registrada, incluyendo código postal, ciudad y provincia. Asegura que todos los campos se completen correctamente, ya que no podrás modificar esta información después.
- Forma de contacto: Define cómo deseas que Amazon te envíe un pin de confirmación, ya sea a través de mensajes SMS o llamadas.
- Idioma de preferencia: Selecciona el idioma en el que deseas recibir notificaciones importantes de Amazon.

5. Detalles del vendedor.
- Proporciona información sobre el representante de la empresa o el vendedor, incluyendo detalles como su nacionalidad, fecha de nacimiento, país de nacimiento, documento de identidad, país de emisión, fecha de vencimiento y datos de residencia.
- Especifica si el representante es un beneficiario o un representante legal de la empresa.
- "Beneficiario" se refiere a alguien que posee o controla más del 25% de la empresa.
- El "representante legal" es alguien autorizado para actuar en nombre de la empresa.
- Indica si has añadido a todos los beneficiarios de la empresa.

6. Datos de Facturación.

- En esta sección, indica los detalles de facturación de Amazon a ti.
- Proporciona el número de la tarjeta de crédito (débito), la fecha de vencimiento y el nombre del titular de la tarjeta.
- Asegúrate de que esta información esté vinculada al nombre de la empresa o la persona de contacto que has proporcionado en los s anteriores.

7. Crea tu tienda en Amazon.
- Una vez confirmada la información de facturación, podrás acceder a la página "Tienda".
- Amazon te hará algunas preguntas para comprender mejor tu empresa. No te preocupes, las respuestas no afectan la aprobación de tu cuenta.
- Elige un nombre atractivo para tu tienda en Amazon.
- Responde preguntas sobre códigos de productos universales (UPC) y si eres el fabricante de los productos que venderás en Amazon.

8. Verificación de identidad y documentos.
- Sube una foto o un PDF de tu documento de identidad y un certificado bancario o estados de cuenta relacionados con la tarjeta de crédito que proporcionaste.

¡Listo! Una vez que hayas completado estos pasos, tendrás tu cuenta en en Amazon Seller Central.

"La creación de tu cuenta de vendedor en Amazon Seller Central es solo el primer paso en tu camino hacia el éxito en el marketplace. ¡Prepárate para la aventura!"

$ $ $ $ $

Sección 4. Investigación de nichos y productos
Cazadores de tesoros. Descubriendo el nicho dorado

"En Amazon cada categoría es como un mapa hacia un tesoro escondido."

Después de amarrar tu barco en las costas de Amazon Seller Central, es hora de emprender la búsqueda del tesoro: encontrar el **nicho dorado** que te llevará al éxito en el mundo del comercio electrónico.

Categorías que te recomendamos al inicio (hazlo fácil).

Hogar y Cocina: Cocina con estilo. Desde utensilios de cocina innovadores hasta decoración para el hogar, esta categoría es un hervidero de oportunidades para aquellos que desean transformar cada rincón del hogar en un paraíso de estilo y funcionalidad.

Belleza y cuidado personal: Elegancia en cada envase. Desde productos de cuidado de la piel hasta herramientas de maquillaje, esta categoría ofrece un vasto campo para los emprendedores que desean ayudar a sus clientes a sentirse y lucir lo mejor posible, sin importar la ocasión.

Salud, hogar y cuidado del bebé: Protegiendo lo más Preciado. Con productos que van desde pañales hasta artículos para el cuidado de la salud, esta categoría es el refugio de los padres y cuidadores que buscan productos seguros y confiables para sus pequeños seres queridos.

Deportes y aire libre: Aventuras en cada rincón. Desde equipos de camping hasta accesorios para deportes extremos, esta categoría ofrece un vasto territorio para aquellos que desean llevar la emoción de las actividades al aire libre a sus clientes, ya sea en la montaña o en la playa.

"La competencia es un desafío, pero también una oportunidad para destacar. Con un nicho bien definido y una estrategia sólida, tu marca privada se convertirá en una referencia en Amazon."

Suministros para mascotas. Con una demanda creciente de productos para mascotas, esta categoría es el paraíso para los amantes de los animales que desean proporcionar a sus amigos peludos todo lo que necesitan para una vida feliz y saludable.

"La elección de tu nicho en Amazon es como elegir el camino hacia un tesoro escondido: requiere exploración, astucia y una pizca de suerte."

Suministros de oficina: Productividad con estilo. Desde organizadores de escritorio hasta material de papelería elegante, esta categoría ofrece oportunidades para aquellos que desean ayudar a sus clientes a mantenerse organizados y productivos en el trabajo o en casa.

Decoración del hogar: Embelleciendo cada espacio. Podemos encontrar productos de arte de pared hasta accesorios de iluminación, esta categoría es el lienzo en blanco para los emprendedores creativos que desean ayudar a sus clientes a transformar sus hogares en oasis de estilo y confort.

Automoción y motociclismo: Velocidad y estilo en movimiento. Productos que van desde accesorios para automóviles hasta equipos para motocicletas, esta categoría es el paraíso de los entusiastas de la velocidad que desean equipar a sus clientes con productos de alta calidad y estilo.

"El viaje en Amazon FBA Marca Privada no es un sprint, sino una maratón de aprendizaje y crecimiento continuo. Disfruta el proceso, adapta tu estrategia y descubre el tesoro que te espera en el mercado."

$ $ $ $ $

Descifrando los Subnichos

"No te quedes en la superficie, profundiza en los subnichos y descubre el tesoro escondido de Amazon FBA Marca Privada."

En Amazon FBA Marca Privada, la elección del nicho adecuado es como encontrar una isla paradisíaca en un océano de oportunidades. Pero dentro de esa isla, existen pequeños oasis aún más valiosos: los subnichos.

Al enfocarte en un subnicho, te alejas de la competencia feroz en el nicho general y te diriges a un público específico con necesidades y preferencias claramente definidas.

¿Qué es un subnicho de mercado en Amazon?
Imagina un nicho como una isla grande, con diferentes zonas y características. Un subnicho es como una cala escondida dentro de esa isla, un espacio más pequeño y especializado que ofrece un refugio ideal para un grupo de consumidores con intereses y necesidades muy particulares. Al enfocarte en un subnicho, te conviertes en el experto de esa cala, ofreciendo productos o servicios que satisfacen de manera precisa las demandas de tu público objetivo.

¿Por qué elegir un subnicho en Amazon?
Las razones para elegir un subnicho de mercado en Amazon son abundantes:

- Menos competencia: En un subnicho, te enfrentas a menos rivales, lo que te permite destacar con mayor facilidad y convertirte en el referente de esa cala escondida.
- Mayor demanda: Al enfocarte en las necesidades específicas de un público particular, aumentas las posibilidades de encontrar clientes dispuestos a comprar tus productos, como si atrajeras a un grupo de exploradores ansiosos por descubrir los tesoros de tu cala.
- Fidelidad del cliente: Los consumidores que se identifican con un subnicho suelen ser más leales a las marcas que satisfacen sus necesidades específicas, convirtiéndose en aliados incondicionales en tu viaje por la isla.

- Precios más altos: Al ser un experto en tu subnicho, puedes establecer precios más altos debido a tu conocimiento especializado y la exclusividad de tus productos, como si vendieras recursos valiosos a los exploradores que llegan a tu cala.

- Marca más fuerte: Una marca enfocada en un subnicho tiene una identidad más definida y memorable, lo que la hace más atractiva para el público objetivo, como si brillara con luz propia en la isla de Amazon.

¿Cómo encontrar tu subnicho ideal en Amazon?

La búsqueda del subnicho perfecto no es una tarea sencilla, pero con un poco de esfuerzo e investigación, puedes encontrar la cala escondida que te llevará al éxito en Amazon FBA Marca Privada. Aquí te dejo algunos consejos:

Explora tus pasiones e intereses: ¿Qué te apasiona? ¿En qué eres bueno? Tus pasiones pueden ser una guía valiosa para encontrar un subnicho en el que te sientas cómodo y motivado, como si exploraras las diferentes zonas de la isla para descubrir tu cala ideal.

Investiga las tendencias del mercado: Analiza las tendencias actuales y las necesidades del mercado para identificar subnichos con potencial de crecimiento, como si estudiaras las rutas comerciales más rentables en la isla.

Estudia la competencia: Investiga a tus competidores en subnichos potenciales para evaluar la dificultad y las oportunidades que presenta cada uno, como si analizaras las estrategias de las demás embarcaciones que llegan a tu cala.

Define tu público objetivo: Define claramente tu público objetivo, sus características, necesidades y preferencias, como si identificaras al grupo de exploradores con los que deseas comerciar.

Valida tu subnicho: Asegúrate de que tu subnicho elegido tenga una demanda real y un potencial de mercado viable, como si verificaras la existencia de recursos valiosos en la cala que deseas explorar.

Tip

No te limites a subnichos pequeños: Un subnicho demasiado pequeño puede limitar tus posibilidades de crecimiento, como si te quedaras en una cala con recursos limitados. Busca subnichos con potencial de expansión: Elige un subnicho que pueda diversificarse en el futuro con nuevos productos o categorías, como si exploraras nuevas calas (próximas) en tu isla para ampliar tu comercio.

Mantente actualizado: Las tendencias del mercado cambian constantemente, por lo que es importante estar al día para adaptar tu estrategia de subnicho, como si estuvieras al tanto de las nuevas rutas comerciales en la isla.

Ejemplos de subnichos:
- Accesorios de camping para familias con bebés.
- Ropa de yoga para hombres altos.
- Juguetes educativos para niños con necesidades especiales.
- Suplementos nutricionales para vegetarianos y deportistas.
- Decoración de interiores para apartamentos estilo loft.
- Herramientas de jardinería para personas mayores.
- Accesorios de moda para perros pequeños.
- Productos de limpieza ecológicos para automóviles.
- Equipamiento de seguridad para ciclistas urbanos.
- Joyería personalizada para regalos de aniversario.
- Artículos de papelería para organización de bodas.
- Equipamiento de esquí para personas con discapacidad.
- Productos de belleza para hombres de piel sensible.
- Alimentos gourmet para veganos que hacen ejercicio.
- Libros de cocina para dietas paleo.
- Ropa de trabajo para profesionales de la construcción femeninos.
- Utensilios de cocina para cocinar al vapor en microondas.
- Accesorios para viajes en bicicleta de larga distancia.
- Instrumentos musicales para niños con talento para la percusión.
- Kits de manualidades para adultos mayores.
- Joyería de moda inspirada en la mitología griega.
- Productos de limpieza facial para adolescentes con acné hormonal.
- Equipamiento de pesca deportiva para viajes en kayak.
- Artículos de decoración para fiestas temáticas de ciencia ficción.

- Alimentos orgánicos para mascotas con alergias alimentarias.
- Ropa deportiva para mujeres embarazadas que practican yoga.
- Gadgets tecnológicos para amantes de la jardinería urbana.
- Accesorios para la práctica de la meditación en espacios pequeños.
- Equipamiento de seguridad para senderismo en terrenos rocosos.
- Productos de cuidado personal para personas con piel tatuada.
- Utensilios de cocina para dietas específicas (veganos, vegetarianos, celíacos).
- Productos de cocina para espacios pequeños (mini hornos, cafeteras portátiles, ollas plegables).
- Soluciones de organización para cocinas específicas (despensas, gabinetes, cajones).
- Accesorios de cocina personalizados con frases divertidas o diseños únicos.
- Moldes para hornear especializados (cupcakes, muffins, tartas, panes).
- Cosméticos naturales y orgánicos para tipos de piel específicos (grasa, seca, mixta).
- Herramientas de maquillaje para necesidades específicas (cejas, pestañas, contorno facial).
- Accesorios para el cuidado de la piel innovadores (dispositivos de microcorriente, mascarillas LED).
- Productos de belleza personalizados con ingredientes específicos o fragancias favoritas.
- Kits de regalo para el cuidado personal con productos temáticos (spa, relajación, aromaterapia).
- Productos para facilitar la alimentación del bebé con necesidades especiales (reflujo, alergias).
- Accesorios para el sueño del bebé seguros y cómodos para diferentes edades (cuna de viaje, moisés).
- Juguetes educativos y estimulantes para etapas de desarrollo específicas (bebés, niños pequeños).
- Productos de higiene y cuidado del bebé con ingredientes naturales para piel sensible.
- Kits de regalo para recién nacidos con productos esenciales personalizados.
- Equipamiento deportivo ligero y portátil para actividades específicas (senderismo, camping, ciclismo).

- Accesorios para deportes acuáticos seguros y confiables para diferentes niveles (natación, surf, kayak).
- Ropa deportiva transpirable y de secado rápido para climas específicos (montaña, desierto, nieve).
- Productos de supervivencia y primeros auxilios compactos y multifuncionales para entornos específicos (montaña, bosque).
- Equipos de camping innovadores y fáciles de usar para diferentes tipos de viajes (caravanas, autocaravanas).
- Juguetes interactivos y duraderos para razas de mascotas específicas (grandes, pequeñas, activas).
- Accesorios para pasear a las mascotas con seguridad y comodidad para diferentes tamaños (arneses, correas, collares).
- Productos de higiene y cuidado de mascotas con ingredientes naturales para necesidades específicas (pelaje largo, piel sensible).
- Camas y mantas para mascotas confortables y lavables para diferentes espacios (interior, exterior).
- Kits de regalo para mascotas con productos personalizados o temáticos (Navidad, cumpleaños).
- Suministros de Oficina:
- Agendas y planificadores diarios con diseños modernos y funcionales para diferentes profesiones (médicos, abogados, estudiantes).
- Artículos de papelería de alta calidad y duraderos para diferentes tipos de escritura (bolígrafos, lápices, rotuladores).
- Accesorios de organización para el escritorio prácticos y elegantes para espacios específicos (home office, oficina compartida).
- Productos de tecnología para oficina innovadores y eficientes para tareas específicas (escáneres portátiles, impresoras 3D).
- Kits de regalo para profesionales con productos personalizados o relacionados con su profesión (médicos, arquitectos, diseñadores).

"Elige tu subnicho sabiamente, y tu marca privada navegará por las aguas de Amazon FBA Marca Privada con la velocidad y la precisión de un explorador experimentado."

$ $ $ $ $

De la Jungla de Amazon al tesoro escondido. Secretos (y un poco de magia) para descubrir tu subnicho ideal

"Encuentra tu nicho y trabaja duro en él hasta que seas conocido como el experto en esa área."

Dan Kennedy

"Encuentra tu subnicho, y verás cómo el mercado te busca a ti."

Pasos para detectar y validar subnichos

Recuerda

Un subnicho de mercado es como una isla escondida en medio del vasto océano del comercio electrónico. Es un segmento más específico dentro de un mercado más amplio, donde puedes encontrar clientes con necesidades y deseos particulares.

Aspectos a **considerar** al elegir tu nicho/subnicho de mercado:

- Investigación de Mercado: Utiliza herramientas como Jungle Scout o Helium 10 para analizar la demanda, competencia y tendencias en diferentes nichos de mercado. Busca un equilibrio entre una demanda sostenible y una competencia manejable.
- Análisis de palabras clave: Investiga cómo los usuarios buscan productos dentro de tu nicho. Identifica palabras clave relevantes con un buen volumen de búsqueda para optimizar tu presencia en Amazon.
- Validación de la demanda: Examina la demanda y consistencia de las ventas en el nicho elegido. Busca productos con una demanda constante y tendencia al alza.
- Margen de ganancia: Asegúrate de tener un margen atractivo. Investiga los precios y márgenes de tus productos para garantizar beneficios. Un margen neto objetivo puede ser del +-25%, pero varía según el tipo de producto y categoría.
- Actualización del catálogo: Mantén tu catálogo actualizado con las tendencias y novedades del nicho/subnicho. Ofrece regularmente nuevos productos para mantener el interés de los compradores y ser líder del subnicho.

- Proveedores: Asegúrate de tener proveedores confiables para tus productos del subnicho y cultiva buenas relaciones con ellos. Asegura un suministro constante y de calidad. Comunícate de manera profesional y regular, en especial si trabajas con proveedores asiáticos hazlo a través de plataformas como WeChat.
- Competencia y diferenciación: Analiza a tus competidores y busca formas de diferenciarte. Ofrece productos únicos o servicios exclusivos que hagan que los clientes elijan tu tienda.
- Tamaño del mercado y potencial de crecimiento: Evalúa si hay espacio para escalar tu negocio dentro del nicho/subnicho. ¿Es escalable a otros países? ¿Tiene potencial de crecimiento futuro?
- Rentabilidad y costes: Calcula todos los costes asociados con la producción, almacenamiento y envío de los productos. Asegúrate de que la rentabilidad potencial sea adecuada después de considerar todos los gastos.
- Tendencias y estacionalidad: Observa las tendencias a largo plazo en el nicho y considera si el producto tiene una demanda estacional. Esto te ayudará a planificar tu estrategia de ventas a largo plazo.
- Experiencia personal y pasión: Considera tus propias habilidades y experiencia relacionadas con el nicho. Además, elige un nicho que te apasione, ya que esto te motivará a ofrecer lo mejor de ti mismo.

"No busques ser el mejor de todos, busca ser el mejor para unos pocos." - Seth Godin

"En un océano de competencia, el tesoro está en los detalles del subnicho."

$ $ $ $ $

Sección 5. Selección de productos

A propósito de agujas y pajares...

Guía para seleccionar productos ganadores en Amazon FBA Marca Privada

"No te pierdas en la selva de productos genéricos, busca los tesoros escondidos: productos con alta demanda, bajo coste y margen atractivo en Amazon FBA Marca Privada."

En el mundo de Amazon FBA con Marca Privada, la elección del producto adecuado es como hallar la preciada llave maestra que te permitirá abrir las puertas del éxito. No se trata de seleccionar cualquier artículo al azar, sino de identificar aquel que te convertirá en el líder de su nicho, cautivando a los consumidores con una propuesta única y rentable (margen y ROI).

Piensa en ello como una expedición hacia un tesoro escondido. El producto perfecto es la joya que buscas, y para encontrarlo, deberás embarcarte en una aventura de investigación y análisis. Debes comprender las necesidades del público objetivo, las tendencias del mercado y las características que hacen que un producto destaque por encima de los demás.

Recuerda, este producto será el protagonista de tu marca, el embajador que conquistará el corazón de los compradores. Así que tómate el tiempo necesario para elegir sabiamente, y ten la seguridad de que tu esfuerzo se verá recompensado con el éxito.

¿Qué hace que un producto destaque entre la multitud y se convierta en un campeón de ventas en Amazon FBA con Marca Privada? Para responder a esta pregunta, debemos adentrarnos en la frondosa selva de factores que determinan el éxito en la plataforma. No es una tarea sencilla, ya que son diversos los aspectos que definen un artículo ganador.

Imaginemos que nos encontramos en una expedición en busca de un tesoro escondido. El producto ganador es esa joya codiciada, y para encontrarla, debemos descifrar los enigmas que nos presenta el mercado.

A continuación, exploraremos algunos de los elementos clave que convierten a un producto en un líder en su nicho:

1. Demanda. El corazón del éxito.
Estudio de mercado: Investiga la demanda real y sostenida del producto en el nicho elegido. No te fíes solo de las intuiciones, utiliza herramientas como Helium 10, Jungle Scout o AMZ Scout para analizar las tendencias de búsqueda y la competencia.

2. Competencia. Diferenciación
Análisis competitivo: Evalúa a tus competidores, sus fortalezas y debilidades. Busca oportunidades para diferenciarte, ofreciendo un producto con características únicas, un servicio excepcional o un precio atractivo.

3. Margen. Rentabilidad
Cálculo del margen neto: Asegúrate de que el producto elegido te permita obtener un margen neto de al menos +-25%. Ten en cuenta los costes de producción, logística, tarifas de Amazon y publicidad.

4. Proveedores: Aliados para el éxito.
Selecciona proveedores confiables: Establece relaciones sólidas con proveedores que garanticen calidad, rapidez, cumplimiento de plazos y precios competitivos. Busca proveedores asiáticos a través de Wechat para una comunicación fluida.

5. Costes. Optimiza.
Haz un análisis de costes: Calcula todos los costes asociados al producto: materiales, producción, almacenamiento, logística, tarifas de Amazon y publicidad. Optimiza cada paso para maximizar el margen de beneficio.

6. Fragilidad.

Productos robustos y livianos: Evita productos frágiles o voluminosos que aumenten los costes de envío y disminuyan el margen de beneficio. Opta por productos pequeños, ligeros y resistentes.

7. Variaciones. Simplifica.

Menos variaciones: Reducir las variaciones de talla, color o modelo simplifica la logística, evita confusiones y devoluciones. Comienza con productos de una sola opción para minimizar la complejidad.

8. Diferenciación. Destaca

Un producto único: Ofrece algo que la competencia no tiene. Un sistema de seguridad innovador, un diseño exclusivo o un servicio excepcional pueden marcar la diferencia.

"Un producto ganador en Amazon FBA Marca Privada es como un tesoro escondido en la selva: te abre las puertas al éxito, te permite diferenciarte de la competencia y te brinda la oportunidad de crear un negocio rentable y duradero."

9. ROI. Retorno de la Inversión.

Retorno de la Inversión +- 100%: Busca productos con un ROI que te permita recuperar tu inversión inicial y obtener una ganancia significativa.

10. Durabilidad. Un Producto para el largo plazo

Productos robustos y resistentes: Elige productos que puedan soportar el transporte y el uso diario sin dañarse. Prioriza la calidad y la durabilidad para ofrecer una experiencia satisfactoria al cliente.

11. Popularidad. Un indicador de demanda.

Cantidad de reseñas: Evalúa la cantidad de reseñas por ASÍN. Un equilibrio adecuado de reseñas indica un nicho consolidado y la posibilidad de entrar en el mercado con éxito.

12. Reseñas. La voz del cliente.

Calificaciones y valoraciones positivas: Destaca en comparación con la competencia. Presta atención a las reseñas negativas de productos similares para identificar oportunidades de mejora.

13. Restricciones Legales. Busca un camino libre de obstáculos.
Evita productos con regulaciones complejas o permisos especiales.
Busca productos de fácil venta y uso para simplificar la gestión.

14. Perenne. Ingresos constantes.
Productos con ventas estables a lo largo del año: Elige productos que
te generen ingresos constantes y te permitan planificar a largo plazo.

15. Categoría. Elige tu campo de batalla.
Categorías rentables para principiantes. Comienza con categorías que te
permitan acceder a una amplia gama de productos y te facilitan la
entrada en el mercado.

Recuerda
No te limites a las primeras ideas: Explora diferentes nichos y
categorías para encontrar productos con potencial.
Actualízate constantemente: Las tendencias del mercado cambian
rápidamente, por lo que es importante estar al día para adaptar tu
estrategia de producto.
No te rindas: Encontrar el producto perfecto requiere tiempo y
esfuerzo, pero la recompensa vale la pena.

$ $ $ $ $

¿Vendiendo a ciegas? Aprende a medir la demanda primero

Estudia la demanda del producto

"Sin datos, solo eres una persona más con una opinión."

Edwards Deming

Desentrañando la demanda en Amazon. Tu pasaporte al éxito

"Conocer a tu cliente es tan crucial como conocer tu producto."

Antes de lanzarte al competitivo mercado de Amazon, debes cerciorarte que tu producto tiene demanda. Realizar un análisis exhaustivo del mercado y de la demanda es esencial para no lanzar productos al azar.

Pasos y herramientas clave para realizar este análisis de manera efectiva:

1. Explora los "Términos de Búsqueda en Amazon".

Amazon proporciona datos valiosos sobre lo que buscan sus usuarios a diario. Utiliza herramientas como Jungle Scout y Helium 10 para obtener información detallada sobre las palabras clave (keywords).

Estos instrumentos te ayudarán a descubrir términos relacionados, analizar la demanda y evaluar la competencia. Imagina que quieres vender almohadas ortopédicas. Investiga términos como "almohadas ergonómicas", "cojines para el cuello" y "almohadas de memoria".

Este estudio te permitirá conocer el volumen de búsquedas y la competitividad de cada término, facilitando la toma de decisiones informadas.

2. Evaluación de ventas y distribución.

Para prever las posibles ventas de tu producto, investiga las cifras de ventas de productos similares utilizando herramientas como Jungle Scout o AMZ Scout. Supongamos que estás interesado en vender mochilas escolares.

Estos programas te mostrarán cuántas unidades se venden al mes, ayudándote a calcular tus posibles ingresos. Además, analiza cómo se distribuyen las ventas dentro del nicho. Si la mayoría de las ventas se concentran en unos pocos productos, podrías enfrentarte a un mercado saturado. Busca nichos donde las ventas estén repartidas entre varios productos, lo que indica una demanda más saludable y oportunidades de crecimiento.

3. Análisis de tendencias.

Estudiar las tendencias de búsqueda de tu producto en Google y Amazon es fundamental para entender la estabilidad de su demanda. Observa si la demanda es constante durante el año o si es estacional.

Por ejemplo, los accesorios para bicicletas tienden a tener mayor demanda en primavera y verano. Además, evalúa si el producto muestra un crecimiento continuo o si es una moda pasajera. Este análisis te ayudará a evitar invertir en productos cuya popularidad pueda desvanecerse rápidamente.

Ejemplo.

Analizamos la demanda de **cascos moto hombre** en amazon.es (España/Europa).

1. Exploración de términos de búsqueda en Amazon.

Decides vender cascos de equitación. Comienzas utilizando Helium 10 para explorar términos de búsqueda relevantes. Encuentras los siguientes datos de keywords relacionadas con este producto:

- "cascos moto hombre" tiene un volumen de búsqueda mensual de 35.131.
- "cascos moto" tiene un volumen de búsqueda mensual de 33.978.

- "cascos moto integral" tiene un volumen de búsqueda mensual de 4.510..

2. Evaluación de ventas y distribución
Utilizando Jungle Scout, investigas las ventas de productos similares.

Encuentras que:
- Los 5 cascos de equitación más vendidos tienen alrededor de 152 unidades de ventas de media al mes.
- Otros productos en el top 10 tienen ventas mensuales que oscilan entre 110 y 80 unidades.
- Analizas cómo se distribuyen las ventas en el nicho:
  ○ Las ventas se reparten entre el Top 10 de manera equitativa, ninguno vende más del 8% del nicho. Es un mercado con profundidad.
  ○ Las ventas se distribuyen entre varios productos, indicando una buena oportunidad de mercado sin que ningún competidor domine el mercado.

"Conocer la demanda no es una opción, es una necesidad."

$ $ $ $ $

La sinfonía de la venta

Elige el producto perfecto en Amazon

"El mundo de Amazon está lleno de oportunidades. Abre los ojos, encuentra el producto ideal y conviértete en un maestro de la venta."

"Un producto adecuado es como una melodía armoniosa que cautiva a los clientes y te lleva al éxito en Amazon."

La melodía del éxito: Eligiendo el producto ideal en Amazon
En el vibrante mercado de Amazon, donde miles de productos compiten por cautivar la atención de los clientes, la clave para destacar radica en la selección estratégica del producto adecuado.

Al igual que un músico experimentado elige con precisión los instrumentos perfectos para crear una sinfonía memorable, tú, como vendedor de marca privada, debes convertirte en un maestro en la selección de productos, buscando aquellos que posean un potencial de ventas arrollador.

Tu búsqueda del producto ideal es como una aventura musical en busca de la melodía perfecta. Debes desarrollar un oído fino para identificar las necesidades del público objetivo, las tendencias del mercado y las características que hacen que un producto destaque por encima de los demás.

Recuerda, este producto será la voz de tu marca, la nota musical que resonará en los corazones de los compradores. Así que tómate el tiempo necesario para elegir sabiamente, y ten la seguridad de que tu esfuerzo se verá recompensado con el éxito.

Aspectos que debes considerar al elegir un producto:

1. Precio.

El precio es la primera nota que escucha un cliente. Un precio atractivo puede ser la melodía que los atraiga a tu producto, mientras que uno desproporcionado puede alejarlos como un acorde desafinado.

Productos baratos: Como un allegro vivace, los productos baratos son ideales para atraer a compradores impulsivos que buscan una buena oferta. Ejemplos: Cepillos de dientes infantiles, fundas para móviles, accesorios para el cabello económicos, ropa de bebé asequible.

Productos caros: Como un adagio solemne, los productos caros ofrecen mayores márgenes de beneficio y atraen a clientes que buscan calidad y exclusividad. Ejemplos: Equipos de audio de alta gama, equipos de gimnasio profesionales, joyas de lujo.

2. Tamaño. La danza de la logística.

El tamaño del producto es como la coreografía de la logística. Un producto pequeño y ligero es fácil de almacenar y transportar, mientras que uno grande y voluminoso puede requerir más recursos y costos.

3. Complejidad. La melodía de las regulaciones.

La complejidad del producto es como la melodía de las regulaciones. Algunos productos requieren autorizaciones o certificaciones especiales, lo que puede aumentar los costos y la complejidad de su venta.

Sin autorizaciones ni certificaciones: Como una canción popular pegadiza, los productos sin requisitos especiales son fáciles de importar y vender. Ejemplos: Ropa informal, ropa de cama.

Con autorizaciones oficiales obligatorias: Como una pieza clásica compleja, los productos que requieren autorizaciones oficiales, como accesorios electrónicos médicos, pueden ofrecer un alto margen de beneficio pero restringen el número de vendedores.

Certificaciones obligatorias: Como una sinfonía épica, los productos que requieren certificaciones, como juguetes educativos o dispositivos electrónicos de comunicación, pueden tener una alta demanda y una oferta limitada, pero también exigen la obtención de certificaciones especiales.

4. Tipo de demanda: El ritmo del mercado.

El tipo de demanda es como el ritmo del mercado. Algunos productos tienen una demanda constante, mientras que otros experimentan picos y caídas en función de las estaciones o eventos específicos.

Demanda estacional: Como un villancico navideño, los productos de demanda estacional experimentan un aumento en las ventas durante períodos específicos del año.
Ejemplos: Artículos de decoración navideña, material escolar.
Demanda constante: Como una sonata atemporal, los productos de demanda constante tienen ventas estables a lo largo del año.
Ejemplos: Electrodomésticos de cocina, platos, cacerolas, sartenes, productos electrónicos de consumo.
Demanda efímera: Como una canción de moda pasajera, los productos de demanda efímera experimentan un aumento repentino en las ventas seguido de una caída brusca.
Ejemplos: Accesorios para festivales de música.

$ $ $ $ $

El misterio del producto perfecto. Spoiler, no es tan misterioso

Cómo encontrar el producto perfecto para vender en Amazon

"El éxito en Amazon comienza con la elección del producto adecuado. No se trata de suerte, sino de investigación y estrategia."

"El éxito no llega por accidente. Llega al vender productos en Amazon tras una investigación cuidadosa y una ejecución impecable."

Encontrar el producto perfecto para vender en Amazon puede parecer un reto titánico. Sin embargo, siguiendo una metodología estructurada, puedes transformar este proceso en una tarea manejable y hasta emocionante. Aquí te guiamos paso a paso para descubrir productos con altas probabilidades de éxito. ¡Vamos allá!

Investiga el Nicho y Subnicho
Primero, identifica los nichos de mercado que te interesen y tengan potencial. Herramientas como la "Base de Datos de Productos" de Jungle Scout son fundamentales para esta tarea. Busca nichos rentables y productos populares en ellos. Asegúrate de que exista una demanda constante. Helium 10 ofrece opciones similares para tu análisis.

¿Te apasiona el ciclismo?, podrías investigar subnichos como:
- Accesorios para bicicletas: Luces, timbres, portaequipajes, soportes para teléfonos, etc.
- Herramientas y kits de reparación: Llaves, parches de neumáticos, lubricantes, etc.
- Componentes de bicicletas: Frenos, cambios, pedales, manillares, etc.
- Equipamiento de seguridad: Cascos, guantes, gafas de ciclismo, chalecos reflectantes, etc.

- Transporte de bicicletas: Portabicicletas para automóviles, fundas de transporte, soportes para bicicletas en pared, etc.
- Nutrición y suplementos para ciclistas: Productos energéticos, bebidas isotónicas, geles, barras energéticas, etc.
- Ciclismo infantil: Bicicletas, cascos y accesorios para niños, como ruedas de entrenamiento, asientos para bicicletas, etc.
- Ciclismo de turismo y viajes: Equipaje y accesorios para viajes en bicicleta, como alforjas, bolsas de manillar, remolques, etc.
- Entrenamiento y tecnología para ciclistas: Computadoras de bicicleta, monitores de frecuencia cardíaca, rodillos de entrenamiento, etc.
- Decoración y regalos para ciclistas: Artículos decorativos, camisetas, tazas, pegatinas, etc.

Analiza la competencia.

Examinar a tus competidores es crucial. Monitorea su desempeño, reseñas y ventas. Identifica productos con un alto Best Seller Rank (BSR) y un volumen de ventas suficiente, lo que indica demanda y potencial de rentabilidad.

Imagina que encuentras un competidor que vende mochilas para excursionismo. Observa cuántas reseñas tiene, su calidad, y cómo se posiciona en el mercado. Esto te dará una idea clara de lo que estás enfrentando.

Es crucial que investigues a fondo y compruebes que ningún vendedor tiene el control absoluto del subnicho y que las ventas están distribuidas entre varios competidores. Indica profundidad de mercado, lo que facilita encontrar tu propio espacio, entrar y crecer.

Selección de productos

Con base en tu investigación, selecciona varios productos que se ajusten a los siguientes criterios: precio, volumen de ventas, competencia, número de reseñas, calidad del listing, número de fotos, margen de beneficio, facilidad de envío (tamaño, peso, coste logístico) y durabilidad del producto. Utiliza la función de Opportunity Finder de Jungle Scout para identificar tendencias emergentes y nichos rentables.

Si estás evaluando vender cafeteras portátiles, busca modelos que cumplan con estos criterios y verifica si tienen un buen margen de beneficio y son fáciles de enviar.

Investiga palabras clave.

Las palabras clave son fundamentales para que los compradores te encuentren. Utiliza herramientas como Keyword Scout de Jungle Scout para investigar palabras clave relevantes. Asegúrate de que tengan un volumen de búsqueda suficiente y baja competencia. Helium 10 ofrece Magnet y Cerebro para un análisis detallado de palabras clave.

Si tu producto es una botella de agua reutilizable, busca términos como "botella de agua ecológica", "botella de agua sin BPA", y verifica su demanda y competencia.

Evalúa a los proveedores.

Encontrar proveedores confiables es esencial. Utiliza la Base de Datos de Proveedores de Jungle Scout. Analiza aspectos como la calidad de los productos, precios competitivos y velocidad de entrega. Considera proveedores en diferentes regiones como China, Polonia, México, Turquía, Estados Unidos y España.

Si decides vender lámparas de escritorio, podrías comparar proveedores en China y México, evaluando quién ofrece mejor calidad y precio.

Viabilidad económica.

Con toda la información recopilada, realiza un análisis económico de viabilidad:

- Previsión de ingresos: Posicionando el producto entre los 15 primeros de la categoría para las palabras clave seleccionadas.
- Coste de adquisición del producto: Hasta el almacén de Amazon.
- Costes logísticos de Amazon: Transporte al cliente.
- Tarifas de Amazon: Almacenamiento, tarifa de venta (aproximadamente 15%), etiquetado.
- Coste de publicidad (PPC).
- Coste de lanzamientos: Fotos, traducciones, regalos.
- Margen medio del nicho.
- Margen previsto con los proveedores negociados.
- Beneficio unitario previsto.
- ROI.

Si planeas vender fundas para laptops, calcula todos estos costes y beneficios para asegurarte de que el negocio sea rentable.

Tendencia.

Mantente al día con las tendencias emergentes usando herramientas como Opportunity Finder. Esto te ayudará a ajustar tu inventario según la demanda del mercado.

Si notas un aumento en la demanda de productos ecológicos, podrías considerar agregar más productos sostenibles a tu línea.

"No vendas solo productos, ofrece soluciones y experiencias."

Optimiza listing.

Crea listados de productos optimizados para SEO en Amazon usando herramientas como Listing Builder de Jungle Scout o Frankenstein de Helium 10. Incluye las palabras clave identificadas en tu investigación para mejorar la visibilidad de los productos.

Si estás vendiendo organizadores de escritorio, asegúrate de que tu listado tenga palabras clave como "organizador de escritorio multifuncional" y "organizador de oficina".

Lanzamiento y promoción.

Utiliza herramientas para promocionar tus productos, generar ventas y obtener reseñas. Configura envíos automáticos de correos electrónicos a los compradores para solicitar valoraciones (Jungle Scout y Helium 10 lo permiten).

Seguimiento y optimización continua.

Monitorea el desempeño de tus productos a lo largo del tiempo con el Product Tracker de Jungle Scout. Identifica oportunidades viables y ajusta tu estrategia para maximizar el éxito.

Potencia la diferenciación.

Diferénciate de la competencia mejorando tu propuesta de valor, listados, fotos, packaging y SEO. ¿Vendes velas aromáticas?, puedes ofrecer un empaque más atractivo o una mayor variedad de fragancias.

"El mercado de Amazon es amplio, pero hay espacio para aquellos que están dispuestos a destacar."

$ $ $ $ $

Analiza la viabilidad económica de tu producto. El A,B,C de la rentabilidad

Anatomía de un producto ganador. Descifrando los números para el éxito

"En Amazon FBA, los números son el lenguaje del éxito. Aprende a dominarlos."

Has encontrado el producto perfecto, estás listo para lanzarte a la aventura... ¡Espera un momento! Antes de sumergirte en el frenesí de las ventas, es crucial analizar la viabilidad económica de tu proyecto.

En este capítulo, te convertiremos en un **Sherlock Holmes financiero**, descifrando los números y armando el rompecabezas de la rentabilidad.

1. La regla de oro. La estructura de costes.
Imagina tu producto como un pastel delicioso. Para que sea un éxito rotundo, debes dividirlo en tres partes iguales:

Parte 1- El coste del producto. Aquí se engloban todos los gastos relacionados con la adquisición del producto en sí, desde la compra al proveedor hasta los impuestos y aranceles.

Parte 2- Las tarifas de Amazon. Esta porción del pastel corresponde a las tarifas que cobra Amazon por almacenar, preparar y enviar tus productos a los clientes.

Parte 3- Margen de beneficio. La recompensa por tus esfuerzos, la dulce recompensa que te permitirá disfrutar del éxito de tu negocio.

¡Recuerda! Un producto ganador se caracteriza por un margen de beneficio neto que oscila entre el 25% y el 33%, con un ROI (Retorno de la Inversión) aproximado del 100% o más.

2. **Desglosando el pastel.** Análisis detallado de los costes. Profundicemos en cada porción del pastel para comprender mejor los costes involucrados:

a) Coste Unitario del Producto (CUP):

- Compra del producto al proveedor: El precio inicial que pagas por cada unidad.
- Gastos logísticos: Transporte desde el proveedor hasta el almacén de Amazon.
- Impuestos: IVA, aranceles y otros impuestos aplicables.
- Gastos de aduana: Si importas desde fuera de la Unión Europea.
- Costes de listing: Fotografía, traducciones y otros elementos para optimizar la página del producto.
- Publicidad PPC: Inversión en campañas para aumentar la visibilidad del producto.
- Lanzamiento: Programa Vine, regalos de productos, cupones...

b) Costes de packaging. Cajas, bolsas protectoras, etiquetas identificativas... Todo lo necesario para que tu producto llegue intacto a su destino.

c) Control de calidad. Inspecciones antes del envío para garantizar la calidad del producto y minimizar devoluciones.

d) Transporte internacional/nacional. Coste de llevar tu producto desde el origen hasta el almacén de Amazon.
Almacén 3PL: Opcional, pero útil para grandes volúmenes o temporadas altas.

e) Gastos aduaneros. Aranceles e IVA si importas desde fuera de la UE.

f) Tarifa de ventas de Amazon. Un porcentaje (generalmente 15%) del precio de venta del producto.

g) Tarifas de logística de Amazon. Almacenamiento, manipulación, empaquetado y otros servicios logísticos.

h) Tarifa de almacenamiento. Coste mensual por el espacio que ocupa tu producto en los almacenes de Amazon.
Temporada alta: Ten en cuenta las tarifas especiales para Q4 (octubre-diciembre), se encarecen.

i) Campañas de PPC.Inversión en publicidad en Amazon Ads para atraer clientes.

j) Diseño y fotografía del listing. Imágenes profesionales que cautiven a los compradores y destaquen tu marca.

k) Muestras. Costes de solicitar muestras a los proveedores para asegurar la calidad del producto.

l) Lanzamiento. Estrategias para impulsar las ventas y obtener reseñas positivas (Vine, cupones, regalos...).

3. La ecuación del éxito: Calculando la rentabilidad.

Ahora que conoces los costes, es hora de calcular la rentabilidad:

Rentabilidad = (Precio de venta - Costes totales) / Costes totales

Costes totales = CUP + Costes de packaging + Control de calidad + Transporte + Gastos aduaneros + Tarifa de ventas + Tarifas logísticas + Tarifa de almacenamiento + PPC + Diseño y fotografía + Muestras + Lanzamiento

Recuerda

Un margen de beneficio neto **25%** o superior y un ROI de +-**100%** son indicadores de un producto ganador.

4. El poder de la optimización. Consejos para reducir costes.

Dominar los números es crucial, pero no olvides que la optimización también juega un papel fundamental en la rentabilidad. Consejos:

- Negocia con tus proveedores: Busca los mejores precios y condiciones de pago.
- Optimiza el packaging: Utiliza materiales livianos y resistentes para reducir costes de envío y almacenamiento. Reduce el tamaño del packaging.
- Realiza controles de calidad rigurosos: Reduce las devoluciones y los costes asociados.
- Elige el transporte adecuado: Compara opciones y busca la mejor relación calidad-precio.
- Planifica tus importaciones: Anticipa las temporadas altas para evitar aranceles elevados.
- Aprovecha las promociones de Amazon: Reduce las tarifas de venta en momentos específicos.
- Optimiza el almacenamiento: Almacena solo el inventario necesario para minimizar costes.
- Utiliza herramientas de PPC: Invierte en campañas de publicidad efectivas.
- Crea un listing atractivo: Utiliza imágenes de alta calidad y descripciones detalladas.
- Solicita muestras a proveedores confiables: Evita sorpresas desagradables.
- Implementa estrategias de lanzamiento efectivas: Obtén reseñas positivas y aumenta las ventas.

5. La importancia del análisis continuo. El éxito no es un destino, sino un viaje y un hábito. Monitoriza constantemente tus costes, ventas y rentabilidad. Ajusta tu estrategia en función de los datos obtenidos para optimizar tu negocio de forma continua.

$ $ $ $ $

El Juego de las Mil opciones. Encuentra tu carta ganadora en Amazon. Dónde buscar

Encuentra el producto perfecto. Explorando todas las opciones

"La inspiración para un gran producto está en cada rincón, solo necesitas saber dónde mirar."

Encontrar **productos** para vender en Amazon FBA de marca privada no se trata de convertirte en un mago de la tecnología. Es una aventura que requiere **creatividad, intuición** y una pizca de **astucia.** Aunque las herramientas tecnológicas son valiosas, existen muchas otras estrategias para descubrir esa idea de producto perfecta que podría convertirse en tu próximo gran éxito.

Acompáñame en este recorrido lleno de creatividad y practicidad, donde exploramos diversas estrategias, desde las más tradicionales hasta las más modernas, para que puedas diversificar tus fuentes de inspiración y aumentar tus posibilidades de éxito.

"El producto perfecto está esperando ser descubierto, solo necesitas mantener los ojos bien abiertos."

Juntos, descubriremos el producto ideal que te llevará a la cima del éxito en Amazon FBA de marca privada.

Opciones:
1. Observa el entorno. A veces, la mejor inspiración está justo frente a ti. Observa lo que te rodea y piensa en productos que podrían hacer tu vida o la de los demás más fácil.

Ejemplos:
- Estuche para cables: Ideal para mantener organizados tus cables y cargadores.

- Organizador de especias: Perfecto para aquellos que aman la cocina y quieren tener todas sus especias a mano.
- Protector de pantalla para cocina: Protege las pantallas de las tabletas y teléfonos mientras sigues recetas.

Beneficios:
- No necesitas herramientas tecnológicas.
- Las ideas pueden ser muy específicas y útiles para un público concreto.

2. Visita tiendas físicas. Dar un paseo por las tiendas locales puede proporcionarte una gran cantidad de ideas. Observa los productos más populares y analiza sus precios y presentaciones.

Ejemplos:
- Botellas de agua con infusores de frutas: Muy populares en tiendas de deportes.
- Herramientas de cocina multifuncionales: Siempre útiles y demandadas.
- Organizadores de escritorio: Ayudan a mantener el espacio de trabajo limpio y ordenado.

Beneficios:
- Puedes ver y tocar los productos para evaluar su calidad.
- Pregunta a los empleados sobre los productos más vendidos y populares.

3. Investiga en revistas y catálogos. Las revistas y catálogos son una fuente inagotable de ideas sobre tendencias y productos de moda.

Ejemplos de webs:
- España: El Corte Inglés, Revista Telva.
- EEUU: Martha Stewart Living, GQ Magazine.
- México: Liverpool, Revista InStyle.

Beneficios:
- Encuentra productos de alta calidad y diseño exclusivo.
- Las revistas suelen tener secciones especializadas por categoría de producto.

4. Asiste a ferias. Las ferias comerciales son eventos donde fabricantes y distribuidores presentan sus productos. Es una oportunidad para ver novedades y establecer contactos con proveedores.

Ferias interesantes:
- Feria de Cantón (China): La más grande de China, con una amplia variedad de productos.
- Expo West (EEUU): Famosa por alimentos saludables y productos ecológicos.
- Toy Fair (Reino Unido): Ideal para conocer las últimas novedades en juguetes.
- Ambiente (Frankfurt): Una de las ferias más importantes para bienes de consumo.

Beneficios:
- Conoces de primera mano las tendencias y novedades del mercado.
- Estableces contactos directos con proveedores.

5. Explora las Redes Sociales. Las redes sociales son una mina de oro para encontrar productos de moda y belleza.

Plataformas:
- Instagram: Usa hashtags relevantes para tu nicho.
- Pinterest: Crea tableros de inspiración para diferentes nichos y busca ideas a través de las imágenes.
- Facebook Grupos: Únete a grupos relacionados con tus productos para obtener feedback directo y ver qué productos son populares.

Beneficios:

- Accedes a tendencias en tiempo real.
- Obtienes ideas de productos directamente de los consumidores.

6. Navega por Webs Populares. Utiliza sitios de comercio electrónico y plataformas especializadas para inspirarte.

Ejemplos:
- AliExpress: Gran variedad de productos a precios competitivos.
- Etsy: Productos únicos y hechos a mano, ideales para una marca privada.
- Walmart: Ofrece productos asequibles y de alta demanda.
- Target (EEUU): Conocido por sus productos de alta calidad.
- eBay: Encuentra productos a precios asequibles y estimula tu creatividad.

Webs de productos curiosos:
- Uncommon Goods: uncommongoods.com. Ofrece una variedad de productos únicos y hechos a mano, desde regalos creativos hasta artículos de decoración del hogar.
- ThinkGeek: thinkgeek.com (Ahora parte de GameStop). Especializado en productos de cultura geek, incluyendo gadgets, ropa, y coleccionables.
- The Grommet: thegrommet.com. Presenta productos innovadores y nuevos inventos de pequeñas empresas y emprendedores.
- Firebox: firebox.com. Vende una amplia gama de productos peculiares y regalos únicos, desde gadgets hasta artículos personalizados.
- Shark Tank Store: sharktankshop.com. Ofrece productos presentados en el programa de televisión "Shark Tank," muchos de los cuales son innovadores y únicos.
- Oddity Mall: oddditymall.com. Se especializa en gadgets, regalos y productos inusuales que son difíciles de encontrar en tiendas convencionales.

- Perpetual Kid: perpetualkid.com.Se enfoca en productos divertidos y novedosos que buscan traer alegría y humor a la vida cotidiana.
- Hammacher Schlemmer: hammacher.com. Ofrece una selección de productos únicos y de alta calidad, desde gadgets tecnológicos hasta artículos de uso diario.
- MoMA Design Store: store.moma.org. Vende productos de diseño innovador, seleccionados por el Museo de Arte Moderno de Nueva York.
- This Is Why I'm Broke: thisiswhyimbroke.com. Presenta una colección de productos extraños y únicos que van desde gadgets útiles hasta artículos completamente extravagantes.

Beneficios:
- Descubre productos innovadores y únicos.
- Encuentra nichos de mercado interesantes.

"Buscar inspiración en lugares inesperados puede llevarte a grandes descubrimientos."

"La clave del éxito en Amazon es una combinación de observación, creatividad y análisis."

7. Utiliza herramientas tecnológicas especializadas.

"La tecnología puede ser tu mejor aliada en la búsqueda del producto perfecto."

No podemos olvidar el poder de las herramientas tecnológicas en la búsqueda de productos rentables para vender en Amazon FBA. Dos de las más populares y útiles son Jungle Scout y Helium 10.

Jungle Scout
- Ofrece una amplia gama de funciones, desde la identificación de nichos rentables hasta el seguimiento de la competencia.
- La Base de Datos de Productos y el Opportunity Finder son especialmente útiles para encontrar productos potenciales.

- Jungle Scout también brinda recursos educativos para mejorar las habilidades en la plataforma.

Helium 10
- Una herramienta todo en uno que cubre áreas clave como SEO, investigación de productos y seguimiento de la competencia.
- Ofrece más de 10 funciones para el crecimiento en Amazon, incluyendo búsqueda de palabras clave y análisis competitivo.
- Helium 10 también incluye el Market Tracker 360, una herramienta de inteligencia de mercado que ayuda a seguir el desempeño de productos y competidores en Amazon.

Beneficios:
- Estas herramientas ofrecen datos precisos y actualizados para tomar decisiones informadas.
- Ayudan a identificar oportunidades de nicho y productos de alta demanda.
- Con estas herramientas, puedes optimizar tu proceso de búsqueda de productos y aumentar tus posibilidades de encontrar un producto ganador para vender en Amazon FBA.

"No subestimes el poder de las herramientas especializadas en tu viaje hacia el éxito en Amazon."

"Con las herramientas adecuadas, encontrar el producto perfecto es más fácil que nunca."

$ $ $ $ $

Sección 6. Proveedores

Proveedores... ¿ángeles salvadores o demonios disfrazados?

"La verdadera competencia en los negocios no está entre las empresas, sino entre las cadenas de suministro."

Michael Porter

En Amazon, uno de los aspectos más críticos para el éxito de una marca privada es la selección de proveedores. No se trata solo de encontrar productos de calidad, sino de establecer relaciones con proveedores que contribuyan al crecimiento y mejora continua de tu negocio. Este capítulo te guiará a través de las **características esenciales que debes buscar en un proveedor y las mejores prácticas** para encontrarlos.

Características de un proveedor excelente:

Calidad del producto.
Asegurar la calidad del producto es primordial. Un buen proveedor debe ofrecer productos que cumplan con altos estándares de calidad. No necesariamente los mejores del mercado, pero sí aquellos que garanticen una excelente relación calidad-precio. Esto no solo previene devoluciones y reseñas negativas, sino que también asegura la satisfacción del cliente.

"El proveedor adecuado es el socio estratégico que impulsa tu negocio hacia el éxito."

Precio competitivo.
El proveedor debe ofrecer precios que sean competitivos en el mercado. Un equilibrio entre costo y calidad es esencial para mantener márgenes de ganancia saludables y posicionar tus productos de manera atractiva para los consumidores.

Plazos de entrega.

La rapidez y puntualidad en la entrega son factores decisivos. Un proveedor confiable debe cumplir con los plazos acordados para evitar retrasos en tu cadena de suministro y garantizar que tus productos estén disponibles para los clientes cuando los necesiten.

Comunicación eficiente.

Una comunicación rápida, ágil y clara es fundamental. Los buenos proveedores responden rápidamente a las consultas, ya sea por correo electrónico, WeChat u otros canales de comunicación. Esta eficiencia en la comunicación facilita la resolución de problemas y la gestión de pedidos.

"La comunicación clara y rápida fortalece las relaciones comerciales."

Facilidades de pago.

Considera las opciones de pago que ofrece el proveedor. En Europa, es común negociar pagos a 30, 60 o 90 días, lo cual puede aliviar la gestión de tesorería. Aceptar diversas formas de pago como tarjetas de crédito o PayPal, así como aplicar políticas de garantía como Trade Assurance de Alibaba, también son aspectos que brindan seguridad y flexibilidad.

Pedido Mínimo (MOQ).

Al comenzar, es importante que el proveedor no exija un número elevado de unidades como pedido mínimo.

Idealmente, un MOQ de alrededor de 100 a 150 unidades permite probar el mercado sin comprometer grandes inversiones.

En 1688 los MOQ son menores (lo veremos más adelante), proveedores de países como Turquía requieren MOQ bajos, incluso ninguna cantidad mínima por pedido.

Estrategias para encontrar proveedores

Búsqueda en Google.
Utiliza palabras clave específicas para encontrar proveedores relevantes en tu nicho. Por ejemplo, "fabricante de productos electrónicos en Madrid" te ayudará a localizar proveedores en una zona geográfica específica.

Directorios de proveedores.
Existen varios directorios en línea que facilitan la búsqueda de proveedores a nivel mundial. Algunos de los más populares incluyen:
Alibaba: Directorio global con un enfoque en proveedores chinos.
Made in China: Ofrece proveedores y productos principalmente de China.
ThomasNet: Directorio de proveedores en Estados Unidos.
Global Sources: Enfocado en proveedores y fabricantes en Asia.
TradeIndia: Proveedores y fabricantes en India.

Ferias.
Asistir a ferias comerciales es una excelente manera de conocer proveedores en persona, facilitando la comunicación y la posibilidad de llegar a acuerdos. Algunas ferias importantes incluyen la Feria de Cantón en China y la Frankfurt Trade Fair en Alemania.

LinkedIn.
LinkedIn es una herramienta poderosa para encontrar y contactar con proveedores. Busca utilizando palabras clave y establece conexiones con empleados relacionados con el área de compras o ventas de las empresas que te interesen.

Contacta directamente a los fabricantes.
Si tienes claro el tipo de producto que deseas vender, contacta directamente a los fabricantes. Investiga en sus sitios web y utiliza LinkedIn para establecer conexiones con los responsables de ventas.

Networking.

Solicita recomendaciones a vendedores experimentados en Amazon FBA o busca referencias entre amigos y colegas. El networking puede ser una fuente valiosa de información y contactos confiables.

Empresas mayoristas.

Algunas empresas mayoristas ofrecen programas de marca privada, permitiéndote reetiquetar productos existentes con tu propia marca. Esto puede ser una opción rápida y sencilla para iniciar tu negocio.

Artesanos locales.

Si buscas productos únicos y hechos a mano, colaborar con artesanos locales puede ser valioso. Esto no solo garantiza productos distintivos, sino que también apoya a la comunidad local.

Fabricantes de marcas privadas.

Existen fabricantes especializados en producir marcas privadas en diversas categorías. Puedes seleccionar y personalizar productos según tus necesidades.

Asociaciones OEM.

En industrias como la electrónica, los fabricantes OEM pueden crear productos basados en tus especificaciones y marca, ofreciendo un alto grado de personalización.

Producción local no artesanal.

Optar por productores locales no solo asegura la calidad, sino que también apoya a las empresas locales y facilita la logística debido a la cercanía geográfica.

$ $ $ $ $

Alibaba. Cómo no perderte en la jungla de proveedores

"La confianza en un proveedor se construye con cada transacción y cada muestra recibida."

Alibaba: Tu puerta de entrada a un mundo de oportunidades (con sus desafíos)

Alibaba, el gigante del comercio electrónico B2B, es una verdadera mina de oro para los emprendedores que desean importar productos y venderlos en Amazon FBA. Sin embargo, como en cualquier aventura, es importante estar preparado para los desafíos que esta travesía puede presentar.

Ventajas.
- Variedad infinita: Un universo de productos de todo tipo y procedencia te espera en Alibaba. Desde electrónica hasta alfombras, desde juguetes hasta ropa, las posibilidades son infinitas.
- Precios competitivos: Prepárate para encontrar precios de mayorista que te permitirán aumentar tus márgenes de ganancia.
- Oportunidades de negocio: Alibaba te abre las puertas a un sinfín de posibilidades para crear tu propio negocio de importación y exportación.
- Negociación directa: Elimina intermediarios y negocia directamente con los proveedores para obtener las mejores condiciones.
- Alcance global: Conecta con compradores y vendedores de todo el mundo, expandiendo tu red de contactos y oportunidades.

Desventajas.
- Las estafas acechan: Ten cuidado con vendedores poco confiables que buscan aprovecharse de compradores inexpertos. Verifica la reputación del proveedor antes de realizar cualquier compra.
- Calidad variable: No todo lo que brilla es oro. La calidad de los productos puede variar considerablemente, por lo que es esencial solicitar muestras y realizar inspecciones antes de pagar.

- Barreras culturales: La comunicación con proveedores chinos puede ser un desafío debido a las diferencias culturales e idiomáticas. Un traductor online y paciencia serán tus aliados.
- Costos de envío: Los gastos de envío, especialmente por barco, pueden ser considerables, impactando en tus márgenes de ganancia. Considera el transporte aéreo para pedidos urgentes.
- Pedido mínimo: Muchos proveedores en Alibaba exigen pedidos mínimos, lo que puede ser un obstáculo para emprendedores con capital limitado. Empieza con pequeñas cantidades para validar la demanda.

"No te dejes deslumbrar por los precios bajos en Alibaba: la calidad es la verdadera joya."

Consejos para comprar en Alibaba como un ninja:
- Prioriza proveedores, no productos: Busca aliados estratégicos, fabricantes expertos en el nicho que te interesa.
- Búsquedas en inglés: Los resultados en inglés suelen ser de mayor calidad.
- Calidad ante todo: Un producto de calidad es la base para una marca exitosa en Amazon.
- Filtros mágicos: Usa los filtros de Alibaba para encontrar proveedores Gold Supplier, Trade Assurance y Assessed Supplier, ¡máxima seguridad!
- Trading Company: Si eres principiante, considera trabajar con Trading Companies para pedidos mínimos más pequeños y acceso a fabricantes ocultos.
- Aliprice: Tu extensión de Chrome aliada para comparar precios en Alibaba, 1688, Aliexpress, Taobao y Tmall... ¡todo en uno!

Guía rápida para convertirte en un maestro de Alibaba:

- Define tu objetivo: ¿Qué producto/s vas a vender en Amazon?
- Busca proveedores: Utiliza los filtros de Alibaba para encontrar fabricantes confiables.
- Contacta a múltiples proveedores: Cuantos más, mejor. Compara precios y condiciones.
- Solicita muestras: Verifica la calidad del producto antes de comprometerte.
- Negocia con astucia: Consigue el mejor precio y condiciones de pago.
- Inspecciona antes de pagar: Asegúrate de que los productos cumplan con tus expectativas y con lo pactado.
- Utiliza Trade Assurance: Protégete contra fraudes y problemas de calidad.
- Comunícate con fluidez: La comunicación clara y constante es clave.
- Paga de forma segura: Utiliza métodos de pago confiables como Paypal o tarjeta bancaria.
- Opción de financiación: After Pay, tu aliado para el cash flow. After Pay te permite pagar a crédito en Alibaba, con un 3.5% de comisión y pagos en 4 cuotas. Ideal para pedidos grandes y mejorar tu liquidez.

"Negociar en Alibaba es un arte: prepárate para batallar con ingenio y astucia."

$ $ $ $ $

1688. Desentrañando el misterio del Chino simplificado

"En Amazon, la clave del éxito está en encontrar tu nicho y ofrecer productos únicos a precios increíbles. 1688 te da las herramientas para lograrlo. ¡Aventúrate y descubre el tesoro que te espera!"

¿Qué es 1688.com?

Imagina un mercado bullicioso lleno de oportunidades, donde los precios son más bajos que en una feria de pueblo después del anochecer. Eso es 1688.com. Especializado en el mercado nacional chino, es como entrar en una cueva llena de tesoros, pero con la etiqueta de precio adecuada.

¿Cómo domar a la "Bestia"?

Comprar en 1688.com como extranjero puede ser como intentar leer chino... literalmente. Pero no te preocupes, estamos aquí para guiarte a través de los intrincados senderos del comercio electrónico chino. Desde encontrar el producto adecuado hasta navegar por la interfaz en chino simplificado, te cubrimos las espaldas.

Ventajas y desventajas.

Como en la vida, 1688.com tiene sus luces y sombras. Por un lado, los precios son tan bajos que pensarás que has descubierto la fuente de la eterna rebaja. Por otro lado, la barrera del idioma puede hacer que te sientas como un turista perdido en una ciudad sin mapas. Pero no temas, incluso los héroes tienen sus desafíos.

El Agente: Tu guerrero en la batalla.

Para enfrentarte a este monstruo, necesitas un compañero de confianza: el agente de compras. Estos guerreros experimentados conocen los entresijos de la plataforma y te guiarán a través del laberinto de proveedores y productos. Desde encontrar al proveedor adecuado hasta gestionar el envío internacional, tu agente será tu espada y escudo en esta aventura. Ejemplo: https://leelinesourcing.com/es/

$ $ $ $ $

¡Compra bien, vende mejor! Guía práctica

Qué negociar con los proveedores

"Negociar con proveedores es como bailar en un campo de minas: con la estrategia correcta, puedes salir ileso y hasta con una sonrisa en el rostro."

"Comprar bien es vender bien".

Esta máxima, tan repetida en el mundo empresarial, cobra especial relevancia en el entorno de Amazon FBA. La habilidad para negociar con proveedores y asegurar las condiciones óptimas es crucial para el éxito de tu negocio de marca privada en esta plataforma.

Negociación con proveedores: claves para el éxito en Amazon FBA.

En Amazon la capacidad para negociar con proveedores es una habilidad crucial para el éxito. Dominar este arte te permitirá obtener mejores precios, productos de mayor calidad y plazos de entrega óptimos, lo que se traduce en mayores ganancias y un negocio más sólido.

Aspectos claves que debes negociar:

- **Calidad:** no te conformes con productos de baja calidad. establece estándares claros y exige al proveedor que los cumpla. inspecciones de calidad independientes pueden ayudarte a garantizar que recibes lo que pagas.
- **Precio:** el precio es un factor fundamental que determina la rentabilidad de tu negocio. investiga a fondo el mercado para conocer los precios promedio y negocia con firmeza para obtener las mejores condiciones. recuerda que el moq (cantidad mínima de pedido) también influye en el precio final.
- **MOQ/Cantidad:** determina la cantidad mínima que necesitas para validar el producto en amazon y negocia un escalado de precios a medida que aumentan las ventas. Recuerda: Menos es más.

- **Packaging:** un buen packaging no solo protege el producto, sino que también puede aumentar su atractivo y precio de venta. asegúrate de que el embalaje sea adecuado para el producto y tu marca.
- **Unidades gratuitas:** solicita unidades gratuitas para poder realizar campañas de marketing y mejorar tu posicionamiento en amazon.
- **Devoluciones:** negocia con el proveedor las condiciones de devolución en caso de productos defectuosos.
- **Muestras:** solicita muestras antes de realizar un pedido grande para verificar la calidad del producto y evitar sorpresas desagradables.
- **Certificaciones:** asegúrate de que el proveedor cuenta con las certificaciones necesarias para cumplir con las regulaciones de los mercados donde pretendes vender.
- **Plazos de entrega:** negocia plazos de entrega claros y realistas para evitar retrasos que puedan afectar a tu negocio.
- **Inspecciones de calidad antes de la expedición.** Negocia quién paga la 2ª y ulteriores inspecciones si la primera resulta fallida y qué sucede con los productos que son defectuosos.
- **Pago:** establece condiciones de pago seguras y transparentes que protejan tus intereses. Utiliza métodos de pago que te brinden cobertura en caso de incumplimientos (Paypal, Trade Assurance).

"Un buen proveedor es como un aliado estratégico, no solo un proveedor. Invierte tiempo en construir relaciones sólidas."

Consejos para una negociación exitosa:
- Investiga: Conoce el producto, el mercado y los precios de la competencia antes de iniciar cualquier negociación.
- Sé profesional: Proyecta una imagen profesional y segura en tus comunicaciones con los proveedores.
- Negocia con varios proveedores: Compara ofertas y condiciones para obtener las mejores opciones.
- Sé firme pero flexible: Mantén una postura firme en tus objetivos, pero también muestra disposición a ceder en algunos aspectos.

- Comunica claramente: Expresa tus necesidades y expectativas de manera clara y precisa.
- Sé paciente: Las negociaciones pueden llevar tiempo, no te desanimes si no obtienes resultados inmediatos.
- Construye relaciones a largo plazo: Un buen proveedor puede ser un aliado valioso para tu negocio.

"Saber negociar con proveedores es una habilidad esencial para el éxito en Amazon FBA".

$ $ $ $ $

Dominando el arte de pagar a los proveedores en Amazon FBA

"El dinero es como el estiércol: sin ser esparcido, no beneficia a la tierra."

Francis Bacon

¡Eh, tú, empresario astuto que está a punto de desenfundar la billetera! ¿Estás listo para abrirte paso por el intrincado laberinto de los métodos de pago para tus proveedores? ¡Pues prepárate porque vamos a zambullirnos en este océano financiero con estilo y determinación!

En Amazon, donde los productos fluyen y las ganancias crecen, la gestión financiera se convierte en un elemento crucial para el éxito. Entre los aspectos más importantes de este ámbito se encuentra el pago a proveedores, una tarea que, si se realiza de manera incorrecta, puede suponer riesgos, retrasos e incluso pérdidas.

En este capítulo, abordaremos los métodos de pago más utilizados, sus ventajas e inconvenientes, así como las cantidades recomendables a abonar en función de la procedencia del proveedor.

Un menú de métodos de pago: Elige el que mejor se adapte a tu festín.
En el banquete de opciones para pagar a tus proveedores, no todos los platos son iguales. Cada método tiene su propio sabor y aroma, por lo que es esencial seleccionar el que mejor se adapte a tus necesidades y preferencias.

1. Transferencia bancaria. El clásico con sabor a tradición.
Las transferencias bancarias son un método popular en las importaciones, especialmente desde Asia a España. Su simplicidad y bajo costo financiero las convierten en una opción atractiva. Sin embargo, no olvides que este plato también tiene sus riesgos, como la descapitalización del comprador al pagar antes de recibir la mercancía.

2. Tarjetas de crédito o débito. Comodidad y seguridad en un mismo bocado

Las tarjetas de crédito o débito ofrecen la comodidad de realizar pagos desde cualquier lugar del mundo y la seguridad de contar con medidas antifraude. Sin embargo, este festín también tiene un precio en forma de comisiones y límites diarios/mensuales.

3. PayPal. Protección para tu apetito comprador

PayPal se ha convertido en un favorito entre los importadores por su seguridad y protección para el comprador. En caso de recibir un producto defectuoso o diferente al acordado, puedes solicitar un reembolso total.

4. Carta de crédito. Un plato fuerte para grandes transacciones

El crédito documentario es un método ideal para transacciones de gran envergadura, especialmente cuando existe desconfianza entre comprador y vendedor. Este plato fuerte ofrece seguridad a ambas partes, pero también conlleva un aumento en los costes bancarios y una posible ralentización del proceso.

5. Western Union. Un sabor exótico con precauciones

Si bien Western Union puede ser una opción para pagos a proveedores asiáticos, es importante extremar la precaución. Este método ofrece poca o ninguna protección al comprador, por lo que solo se recomienda si se conoce y confía plenamente en el proveedor.

B. Cantidades a pagar. La dosis perfecta.

Al igual que cuando cocinas tu receta favorita, la cantidad de dinero que pagas a tus proveedores debe medirse con precisión. La dosis perfecta dependerá de la procedencia del proveedor y de la confianza mutua que exista.

1. Proveedores <u>externos</u> a la Unión Europea y/o EEUU:
Pago a cuenta: Un 30% al confirmar el pedido y el 70% restante cuando la mercancía esté lista para su envío y ha superado la inspección de calidad.

2. Proveedores de la Unión Europea y/o EEUU:
Con proveedores de EEUU y Europa es más factible obtener condiciones de pago favorables: 30 o 60 días fecha factura, en especial cuando tienes una cierta trayectoria de compra sin incidencias y puntualidad en los pagos.

3. Trade Assurance: El seguro para tu banquete.
Utiliza siempre la cobertura de Trade Assurance de Alibaba o programas similares en otras plataformas. Este seguro te protege ante posibles contratiempos e incumplimientos.

Recuerda:
- Evalúa cada método de pago: Cada uno tiene sus pros y sus contras, elige el que mejor se adapte a tus necesidades.
- Ten cuidado con las transferencias bancarias: Si pagas antes de recibir la mercancía, asegúrate de conocer y confiar en el proveedor.
- Aprovecha las ventajas de las tarjetas: Seguridad, comodidad y recompensas, pero ten en cuenta las comisiones y límites.
- Utiliza PayPal para mayor protección: Ideal para compras iniciales a nuevos proveedores.
- El crédito documentario es ideal para grandes transacciones: Seguridad a costa de un proceso más complejo y costoso.
- Western Union solo como último recurso: Con extrema precaución y solo si conoces y confías en

$ $ $ $ $

Cómo comunicarte con los proveedores

"En el comercio internacional, la comunicación es la hebra que une al vendedor con el proveedor."

"No importa dónde estén tus proveedores, lo importante es cómo te comunicas con ellos para llevar tu negocio a nuevas alturas."

Conectando con tus proveedores

¡Hola, intrépidos vendedores de Amazon! La comunicación con tus proveedores es como una danza sincronizada: requiere pasos precisos, ritmo constante y, a veces, un poco de improvisación. Pero, ¿cómo mantener el compás cuando tus proveedores están al otro lado del mundo?

1- Navegando las olas del Pacífico. Proveedores Asiáticos. Opciones de comunicación:
Traductor. Cuando tus proveedores tienen su hogar al otro lado del globo, la comunicación (la buena comunicación, ágil, fluida y honesta) se convierte en tu mejor aliado. Ante la barrera del idioma, el inglés se alza como el esperanto del comercio internacional. Si el idioma se interpone, ¡no temas! Google Translator y Deepl están ahí para salvar el día.

Correo Electrónico: Este es tu pasaporte al mundo de los negocios globales. Pero, ¡ojo!, no subestimes el poder de una dirección de email profesional. Un simple cambio de dominio de Gmail a un dominio personalizado puede marcar la diferencia entre ser tomado en serio o ser relegado a la carpeta de spam.

Skype y similares: Las herramientas de comunicación todopoderosas. Desde llamadas hasta mensajes instantáneos, Skype es como el mayordomo de tu castillo: siempre listo para asistirte.

WeChat: El tesoro oculto de la comunicación con proveedores asiáticos. Con funciones que van más allá de la mensajería, WeChat es tu boleto de primera clase para la velocidad y la confianza en tus interacciones.

"Con cada email y con cada llamada, estás construyendo puentes hacia el éxito de tu negocio."

2- Cruzando el Atlántico. Proveedores Europeos o Americanos. Cómo comunicarte:

Cuando tus proveedores están más cerca de casa, las opciones se multiplican. Desde el clásico email hasta las plataformas de mensajería instantánea, el abanico de posibilidades está a tu disposición.

Correo Electrónico: Tu carta de amor al proveedor. Perfecto para asuntos formales y contratos, el correo electrónico es la forma más elegante de formalizar acuerdos.

Llamadas y mensajes instantáneos: WhatsApp, Skype, Microsoft Teams... ¡Elige tu arma! Para una comunicación ágil y directa, estas plataformas son tus mejores aliadas.

"La distancia entre tú y el éxito de tu negocio se mide en la calidad de tu comunicación con tus proveedores."

"En el comercio internacional, la comunicación fluida es la moneda de cambio más valiosa."

$ $ $ $ $

Control de calidad el verdadero 'Prime' del éxito

"Controla la calidad hoy. Cosecharás los frutos mañana".

"En Amazon FBA de marca privada, la calidad es la moneda de cambio más valiosa".

Calidad en FBA: El "Secreto" mejor guardado de los vendedores expertos.

Esta premisa, **vender productos de calidad**, es la piedra angular del éxito en el mundo de la venta en línea, y en este capítulo, te mostraremos cómo garantizar la calidad de tus productos en cada paso del proceso.

Descuidar el control de calidad es como navegar por un mar tormentoso sin brújula ni timón. ¿Resultados?, reseñas negativas, suspensiones de listings, incluso el cierre de tu cuenta de vendedor, son solo algunos de los icebergs que acechan en este océano de riesgos.

El control de Calidad. Tu mejor aliado.

Imagina: has pasado horas, días, incluso semanas buscando el producto perfecto para vender en Amazon. Has realizado tu investigación de mercado, encontrado el proveedor ideal en China o en otro país asiático, y estás listo para lanzar tu producto al mercado. Pero, ¿estás realmente listo?

"El éxito de tu negocio en Amazon no solo se mide por las ventas, sino por la calidad de tus productos".

El control de calidad es fundamental. Es la diferencia entre el éxito y el fracaso en el mundo competitivo de Amazon. Aquí te presentamos las mejores prácticas y opciones para llevar a cabo este proceso:

- Inspección de Fábrica: Este es tu primer paso crucial. Un inspector experimentado visita la fábrica y verifica la calidad de los productos, el proceso de producción y las condiciones laborales. Ya sea que estés vendiendo un producto estándar o personalizado o un gadget de alta tecnología, esta opción es esencial para garantizar que tus estándares de calidad se cumplan.
- Inspección previa al envío: ¿Tienes productos estándar y de bajo costo? La revisión antes del envío es tu mejor amigo. Un inspector revisa los productos antes de que salgan de China, asegurando que la calidad y la cantidad sean las adecuadas. Esta medida previene sorpresas desagradables en tus almacenes de Amazon.
- Pruebas de laboratorio: Si tus productos requieren certificaciones específicas, las pruebas de laboratorio son imprescindibles. Pruebas de materiales, rendimiento y seguridad garantizan que cumplas con los estándares legales y de calidad.

Acumular **reseñas negativas** puede ser catastrófico para tu negocio en Amazon. Pierdes ranking, visibilidad y ventas. ¡Es un círculo vicioso del que debes protegerte a toda costa!

Beneficios del control de calidad:
- Las inspecciones de calidad no son solo un gasto, son una inversión en el éxito a largo plazo de tu negocio.
- Ahorro de tiempo y costes: Identificar defectos en el país de origen evita pérdidas de tiempo y dinero.
- Supervisión de carga y empaquetado: Evita daños durante el transporte y asegura que tus productos lleguen a Amazon en perfectas condiciones.
- Autenticidad y cumplimiento: Verifica la autenticidad del fabricante y el cumplimiento de regulaciones, lo que te protege de estafas, problemas legales y superar los controles de las aduanas..

Dónde y cómo encontrar empresas de inspección de calidad.

Las opciones son amplias. Desde Alibaba, Google hasta Fiverr, tienes varias alternativas. Además, puedes buscar recomendaciones en línea o preguntar a otros importadores y transitarios.

Recuerda, la cercanía y la reputación son clave al elegir tu empresa de inspección.

https://www.alibaba.com/quality+control+inspection

https://www.google.com/qualiti+control+inspection+asia

Tipos de inspección y costes. `Parciales y completas.

No escatimes en calidad. Las inspecciones **parciales** pueden ahorrarte dinero a corto plazo, pero las inspecciones **completas** son tu mejor defensa contra problemas futuros. El coste es un pequeño precio a pagar por la tranquilidad y el éxito a largo plazo.

Procedimiento de inspección de calidad.

Comunica claramente tus expectativas al proveedor y a la empresa de inspección. Pacta por escrito los términos y condiciones, incluyendo quién asume el coste de segundas inspecciones (si la primera es negativa) y cómo se manejan los productos defectuosos.

"Vender un producto de calidad es venderlo dos veces."

$ $ $ $ $

Sección 7. Logística

La logística de Amazon FBA. Un camino a la escalabilidad

"La logística eficiente es la columna vertebral de cualquier negocio de comercio electrónico exitoso."

La logística es una pieza fundamental en la gestión de cualquier negocio, especialmente en el comercio electrónico. Un sistema logístico eficiente garantiza que los productos se muevan desde el proveedor hasta el cliente final de manera rápida y económica. La logística no solo abarca el transporte y la entrega, sino también el almacenamiento, el manejo de inventarios y la gestión de devoluciones.

Una mala gestión logística puede resultar en retrasos en las entregas, pérdida de inventarios y, en última instancia, clientes insatisfechos. Por el contrario, una logística bien gestionada puede mejorar significativamente la experiencia del cliente, aumentar la eficiencia operativa y reducir costos. En un mercado tan competitivo como el comercio electrónico, la logística puede ser el factor diferenciador que impulse tu negocio al éxito.

Recuerda. ¿Qué es Amazon FBA?

Amazon FBA es un servicio logístico donde Amazon almacena tus productos en sus centros de cumplimiento. Una vez almacenados, Amazon se encarga de procesar los pedidos, empacar y enviar los productos a los clientes, además de gestionar el servicio al cliente y las devoluciones. Esta ventaja logística posiciona a Amazon por encima de otros marketplaces como eBay, Aliexpress, El Corte Inglés y Carrefour, que utilizan el sistema FBM (Fulfillment By Merchant), donde el vendedor se encarga de todo el proceso logístico.

Algunas excepciones están surgiendo, como Walmart en Estados Unidos, Miravia en España y Mercado Libre en Sudamérica, que están implementando sistemas logísticos similares a FBA. eBay en Estados Unidos también está explorando acuerdos con operadores logísticos para un sistema similar.

La Gran Ventaja de Amazon FBA para el vendedor.
La logística de Amazon FBA permite a los vendedores escalar sus ventas tanto como su financiamiento lo permita. Como vendedor, tu enfoque principal debe ser encontrar productos de calidad con alto potencial de ventas y márgenes excelentes, buscar proveedores confiables y manejar la logística hasta el almacén de Amazon.

Una vez en el centro de cumplimiento de Amazon, ellos se encargan de todo. Solo necesitas supervisar los niveles de inventario para reabastecer el producto y evitar rupturas de stock, que podrían resultar en pérdidas de ventas y costos de oportunidad.

El ciclo se repite: buscar productos, reabastecer inventarios y optimizar tus operaciones constantemente.

"Amazon FBA te permite escalar tus ventas tanto como tu financiamiento lo permita."

¿Cómo funciona Amazon FBA?
El proceso de Amazon FBA es sencillo. Primero, envías tus productos a los centros de distribución de Amazon. Cuando un cliente realiza una compra, Amazon se encarga de todo: desde el envío hasta la atención al cliente. Además, proporciona herramientas para gestionar pedidos y controlar inventarios en tiempo real.

Beneficios de Amazon FBA. Repasamos de manera rápido las ventajas de utilizar la logística de Amazon:
- Visibilidad estelar: Tus productos lucen la codiciada insignia Prime, atrayendo como un imán a millones de clientes que buscan la comodidad y rapidez de este servicio.
- Al utilizar la logística de Amazon FBA, tus productos ganan mayor **visibilidad** en el marketplace gracias a la etiqueta de **Amazon Prime**. Este distintivo atrae a millones de clientes que prefieren comprar artículos del programa Prime, incrementando significativamente tus ventas. El algoritmo de Amazon prioriza los productos con la etiqueta Prime, mejorando su posicionamiento orgánico en el buscador.

- Envío Rápido y Gratuito. Ofrecer envío rápido y gratuito con Amazon FBA aumenta la satisfacción del cliente y las ventas. Amazon se encarga del proceso de envío, garantizando tiempos de entrega eficientes.
- Gestión de devoluciones y atención al cliente. Amazon maneja las devoluciones y el servicio al cliente, lo que te ahorra tiempo y esfuerzo. Aunque cobra una tarifa por este servicio, la tranquilidad y la eficiencia que proporciona son invaluables.

Almacenamiento y gestión de inventarios.
Amazon FBA te permite almacenar tus productos en sus centros de distribución, ahorrando costos de almacenamiento y gestión de inventarios. Las herramientas de Amazon te ayudan a controlar existencias y evitar tanto el sobrestock como las rupturas de stock, optimizando así tus operaciones logísticas.

Tarifas de Logística de Amazon FBA:
Las tarifas de Amazon FBA se dividen en tres grandes categorías:
1. Tarifa por envío: Depende del tamaño, peso de la unidad y destino del envío. Existen diferentes programas como EFN (European Fulfillment Network) y Pan European (PAN), con tarifas variables según el programa y destino.
2. Tarifa de almacenamiento: Se basa en el volumen promedio diario de espacio que ocupa el inventario en los centros logísticos de Amazon. Las tarifas varían según la temporada, siendo más altas en el cuarto trimestre debido al aumento de pedidos.
3. Tarifas de Servicios Opcionales: Incluyen devoluciones, baja y retirada de inventario, etiquetado, embalaje y otros servicios adicionales. La suma de estas tarifas constituye el costo total de gestión logística de un producto.

Aviso
Es fundamental revisar regularmente las tarifas de Amazon FBA, ya que pueden cambiar en cualquier momento, afectando los costos de tus productos y tu margen neto final.

"Logística sin estrés,. Ventas sin límites con Amazon FBA."

$ $ $ $ $

Logística en Amazon FBA: EFN, PAN EU y MCI

"La logística eficiente es la clave para escalar tu negocio en Amazon."

En Amazon, la logística es el pilar que sostiene tu negocio y te va a permitir crecer sin límites. La plataforma ofrece diversos programas logísticos para que puedas manejar tu inventario de manera eficiente y satisfacer a tus clientes. Vamos a profundizar en tres de estos programas: **EFN, PAN EU** y **MCI**, explorando sus características, ventajas y desventajas.

1- Programa EFN (European Fulfillment Network)

El European Fulfillment Network (EFN) permite a los vendedores almacenar su inventario en un único país europeo y vender en todos los mercados europeos. Amazon se encarga de enviar los productos desde ese país a los clientes en otros países europeos.

Características
- Almacenamiento centralizado: Todo tu inventario se almacena en un solo país.
- Cobertura Europea: Tus productos pueden venderse en todos los mercados europeos.
- Gestión logística simplificada: Amazon se encarga del envío transfronterizo y la entrega final.

Ventajas
- Simplicidad: Mantener el inventario en un solo país facilita la gestión.
- Menor coste inicial: No necesitas distribuir tu inventario en múltiples países, ni registrarse en el IVA en otros países.
- Prueba de Mercado: Puedes evaluar la demanda de tus productos en diferentes países sin una gran inversión inicial.

Inconvenientes
- Tiempos de envío más largos: Los productos pueden tardar más en llegar a clientes fuera del país de almacenamiento.
- Costes de envío más altos: Los costes de envío transfronterizo son mayores, lo que puede afectar a tus márgenes.

- Etiqueta Prime limitada: Solo los productos en el país de almacenamiento tienen la etiqueta Prime, reduciendo la visibilidad y las ventas en otros países.

2- Programa PAN EU (Pan-European FBA)

El Pan-European FBA permite distribuir tu inventario en múltiples centros logísticos de Amazon en toda Europa. Amazon gestiona la distribución del inventario según la demanda local, almacenando cerca de los clientes.

Características
- Distribución automática: Amazon distribuye tu inventario en múltiples centros logísticos en Europa.
- Cobertura Europea completa: Tus productos están disponibles para la venta en todos los mercados europeos.
- Optimización de envíos: Los productos se almacenan cerca de los clientes, reduciendo los tiempos y costos de envío.

Ventajas
- Entrega rápida: Los productos llegan más rápido a los clientes debido a la distribución estratégica (cercanía a clientes).
- Costes de envío reducidos: Almacenar productos cerca de los clientes reduce los costes de envío.
- Mayor satisfacción del cliente: Los tiempos de entrega más rápidos mejoran la experiencia del cliente.
- **Etiqueta Prime** en toda Europa: Todos los productos tienen la etiqueta Prime, mejorando el ranking, visibilidad y las ventas.

Inconvenientes
- Complejidad administrativa: Necesitas registrar un número de IVA en cada país donde almacenas productos y cumplir con las obligaciones fiscales locales.
- Mayores costes de gestión: Registro de IVA en todos los países donde quieres almacenar y pagar los servicios de un gestor para cumplir con las obligaciones fiscales de dichos países.
- Limitaciones de productos: No todos los productos son elegibles para este programa. Por ejemplo los alimenticios.

3- Programa MCI (Multi-Country Inventory)

El Multi-Country Inventory (MCI) permite almacenar inventario en múltiples países europeos, mejorando los tiempos de entrega y reduciendo los costes de envío.

"La rapidez en la entrega es una promesa de satisfacción que Amazon FBA cumple."

Características:
- Almacenamiento Selectivo: Elige en qué países almacenar tu inventario.
- Cobertura Europea: Vendes en todos los mercados europeos.
- Flexibilidad Logística: Puedes ajustar tus niveles de inventario según la demanda local.

Ventajas
- Flexibilidad: Permite ajustar inventarios según la demanda en diferentes países.
- Reducción de tiempos de envío: Almacenar productos en varios países reduce los tiempos de envío.
- Optimización de costes: Puedes optimizar costos eligiendo almacenes estratégicos.
- Etiqueta Prime en los países seleccionados: Los productos almacenados en el país donde se venden llevan la etiqueta Prime.

Inconvenientes
- Complejidad de gestión: Requiere una gestión más detallada de los inventarios en múltiples países.
- Costes administrativos: Necesitas gestionar los registros de IVA y las obligaciones fiscales en cada país que almacenas.

¿A quién interesa este programa? Útil para incrementar las ventas en Europa de los productos no admitidos en Pan Eu (ejemplo alimentos para mascotas).

$ $ $ $ $

Sección 8. Importaciones

De la aduana al éxito. Cómo importar y vender en Amazon

"En Amazon, la importación no es un obstáculo, es una oportunidad para expandir tu imperio."

Las fronteras físicas se difuminan en el mundo digital de Amazon. Tu marca privada no tiene que estar limitada a productos locales. Atrévete a explorar el vasto mercado internacional y descubre un universo de posibilidades para tu negocio.

Importar a España, Europa o cualquier país fuera de la Unión Europea implica traer bienes desde otros países para su comercialización o uso. A diferencia de comprar productos dentro de la UE, como adquirirlos en Alemania desde España, que no se considera una importación, adquirir productos desde el Reino Unido post-Brexit, China, India o Pakistán y traerlos a España sí lo es. Esta operación incluye trámites aduaneros, el pago de impuestos (arancel e IVA), cumplir con regulaciones y asegurar el transporte desde el país de origen hasta su destino final. Todo un desafío.

Documentación necesaria para importar mercancía.
Para importar productos a España, Europa o EE.UU., necesitas varios documentos específicos y cumplir con los requisitos aduaneros.

A continuación, vemos la lista de los **documentos esenciales:**
- Factura comercial: Este documento describe el producto, incluyendo detalles como descripción, cantidad, valor unitario y total, y términos de venta. También proporciona información sobre el vendedor y comprador, así como el país de origen y destino.

- Certificado de origen: Certifica el país de origen de los productos. Es fundamental para determinar la tarifa arancelaria aplicable.
- Packing List o lista de contenido: Detalla el contenido del envío, incluyendo el número de paquetes, peso bruto y neto, y dimensiones.
- Documento de transporte: Depende del medio de transporte utilizado. Por ejemplo, se requiere un conocimiento de embarque para el transporte marítimo o un airway bill para el transporte aéreo.
- Seguro de transporte: Es altamente recomendable para proteger los productos durante el transporte.
- Certificados y permisos adicionales: Dependiendo del tipo de productos, pueden necesitar certificados sanitarios, fitosanitarios, de calidad, veterinarios, tecnología de doble uso, metrología, guías de alcohol, marcado CE, FDA, entre otros.

"La importación no es solo una operación comercial; es el arte de conectar mercados y culturas para crear oportunidades."

Documentos identificativos como importador

En España, para importar necesitas:
- Ser Autónomo o tener una sociedad constituida.
- Obtener identificadores fiscales: Emitidos por la autoridad tributaria de tu país.
- Obtén los registros necesarios: Dependiendo de la naturaleza de los productos que importas, deberás estar dado de alta en determinados registros específicos.

"Dominar los trámites aduaneros es esencial para cualquier negocio que aspire a crecer globalmente."

$ $ $ $ $

Transitarios y Agentes de Aduanas. Los guardianes del comercio internacional

"En Amazon, la importación no es un obstáculo, es una oportunidad para expandir tu imperio."

Descifrando el enigma de la logística internacional: Tu llave para el éxito en Amazon FBA.

"En el comercio global, la logística es el corazón que impulsa el flujo de mercancías, y los transitarios son los cirujanos expertos que mantienen ese corazón latiendo con precisión."

Para tener éxito vendiendo en Amazon productos importados, la logística internacional es una pieza fundamental del rompecabezas. Dominar este complejo entramado de transporte, trámites y regulaciones puede ser la diferencia entre el triunfo y el fracaso.

Al igual que un explorador intrépido se adentra en una jungla desconocida, un vendedor de Amazon FBA debe navegar por el laberinto de la logística internacional. En este viaje, los transitarios, también conocidos como forwarders, se convierten en guías imprescindibles.

"La importación no es solo una operación comercial; es el arte de conectar mercados y culturas para crear oportunidades."

¿Quiénes son estos **guardianes** del **comercio internacional?**
Los transitarios son **profesionales experimentados** que actúan como intermediarios entre exportadores e importadores, orquestando el transporte de mercancías a través de fronteras y océanos. Son los arquitectos de la cadena de suministro global, asegurando que cada pieza del rompecabezas encaje a la perfección.

¿Por qué confiar en un transitario?

En un mundo donde la complejidad reina, un transitario confiable es un faro que ilumina el camino. Entre sus múltiples **beneficios**, destacan:

- Eficiencia y rapidez: Un transitario optimiza el proceso de transporte, desde la recolección hasta la entrega, liberándote del peso logístico y permitiéndote enfocarte en el corazón de tu negocio.

- Ahorro de costes: Su experiencia y relaciones con proveedores de transporte les permiten negociar tarifas más bajas, combinar cargas y reducir gastos, optimizando tu inversión.

- Servicios de valor añadido: Muchos transitarios ofrecen servicios adicionales como gestión de aduanas, seguro de carga y consolidación de envíos, simplificando tu vida y reduciendo costos.

- Conocimiento experto: Los transitarios son maestros de la normativa aduanera, guiándote a través del papeleo y garantizando el cumplimiento de las regulaciones.

- Soluciones multimodales: Expertos en tierra, mar y aire, te ofrecen la mejor combinación de transporte para tus necesidades, asegurando la entrega segura y oportuna de tus productos.

Tipos de transitarios: ¿Cuál se adapta a tu aventura? Los principales tipos son:

- Marítimos: Navegantes experimentados en los océanos del mundo, ideales para grandes volúmenes de productos.

- Aéreos: Rápidos y eficientes, perfectos para mercancías que exigen entregas veloces.

- Terrestres: Maestros de las carreteras y ferrocarriles, ideales para envíos regionales (ejemplos para importaciones desde Ucrania a España).

- Multimodales: Exploradores polivalentes, combinan diferentes modos de transporte para ofrecer soluciones integrales.

Qué solucionan. Servicios que te liberan de la **carga logística.** Un transitario competente te ofrece un abanico de servicios para aligerar tu camino:

- Gestión integral del transporte: Coordinan el envío desde el origen hasta el destino final, utilizando el modo de transporte más adecuado.
- Asesoría experta: Te guían sobre cuál es la mejor manera de transportar tus productos, considerando la documentación necesaria y las regulaciones aplicables.
- Gestión aduanera: Se encargan de los trámites aduaneros, asegurando el cumplimiento de las normas y liberando tu mercancía sin complicaciones.
- Almacenamiento y distribución: Te ofrecen opciones de almacenamiento y distribución para optimizar tu cadena de suministro.
- Seguro de mercancías: Protegen tus productos contra riesgos durante el transporte, brindándote tranquilidad.
- Embalaje y manipulación: Garantizan el manejo adecuado de tus productos durante todo el viaje.

¿Cómo encontrar a tu aliado en la logística? Tu búsqueda del transitario ideal comienza aquí:

- Solicita presupuestos: Compara precios, servicios y condiciones de diferentes transitarios.
- Explora plataformas online: Encuentra transitarios en plataformas como Alibaba.
- Confía en las recomendaciones: Consulta con otros vendedores de Amazon FBA para obtener referencias confiables.

El agente de aduanas: Tu brújula en el laberinto aduanero. En el complejo mundo de las aduanas, un agente experimentado es tu salvavidas.

¿Qué hace un agente de aduanas?

- Te asesora sobre las regulaciones aduaneras y fiscales.
- Clasifica tus productos bajo el arancel aduanero correcto.
- Prepara y presenta la documentación aduanera necesaria.
- Liquida y paga los impuestos y tasas aduaneras
- Coordina con otros agentes involucrados en la cadena logística.

¿Por qué es crucial contar con un agente de aduanas? Un agente de aduanas confiable es tu aliado para:

- Evitar retrasos y costosos errores.
- Cumplir con las regulaciones aduaneras de manera eficiente.
- Optimizar el proceso de importación o exportación.
- Garantizar la seguridad y protección de tus mercancías.

Idea.

Contrata un transitario que **coordine al agente de aduanas**. Es la sinergia perfecta.

"Cada curva en el laberinto del comercio internacional es como una bifurcación en el camino de la vida, donde los transitarios y agentes de aduanas actúan como tus guías estelares, señalando el camino hacia un destino lleno de promesas y prosperidad."

Para una experiencia logística impecable, confía en un transitario que gestione la contratación y coordinación del agente de aduanas. Te permite:

- Centralizar la responsabilidad en un solo punto de contacto.
- Agilizar el proceso de envío y recepción de mercancías.
- Minimizar los riesgos de errores o retrasos.
- Disfrutar de una experiencia logística fluida y sin complicaciones.

Al confiar en un transitario y un agente de aduanas experimentados, podrás:

- Reducir costes y optimizar tu inversión.

- Acelerar los tiempos de entrega y aumentar la satisfacción de tus clientes.
- Evitar errores y contratiempos que pongan en riesgo tu negocio.
- Disfrutar de una mayor tranquilidad y enfoque en el crecimiento de tu marca.

"Invierte en conocimiento y experiencia en logística internacional: el retorno de la inversión será invaluable."

"Enfócate en tu negocio principal y deja que los expertos en logística se encarguen del resto: tu tranquilidad y éxito dependen de ello."

$ $ $ $ $

Importación. Incoterms

"Los Incoterms definen claramente las responsabilidades en el transporte de mercancías."

Los Incoterms, abreviación de "International Commercial Terms", son términos estandarizados que definen claramente las responsabilidades de compradores y vendedores en cada etapa del proceso de transporte y entrega de mercancías. Su correcta utilización no solo asegura un flujo logístico eficiente sino también una clara asignación de riesgos y costos entre las partes involucradas.

"Con los Incoterms, clarifica responsabilidades y evita malentendidos en tus transacciones."

Clasificación de los Incoterms.

Los Incoterms se dividen en cuatro categorías principales: E, F, C y D, cada una con sus propias características y niveles de responsabilidad tanto para el comprador como para el vendedor.

Categoría E. El vendedor solo entrega la mercancía en su propia instalación, y el comprador se encarga del resto del proceso.
EXW (Ex Works): Bajo este término, el vendedor pone la mercancía a disposición del comprador en sus propias instalaciones.
Desde este punto, toda la responsabilidad de transporte, seguro y trámites aduaneros recae sobre el comprador. Este término es el más sencillo para el vendedor, pero el más complejo para el comprador, ya que implica coordinar y costear todo el proceso de envío desde la salida del almacén del vendedor.

Categoría F (Transporte principal no pagado por el vendedor)
FCA (Free Carrier): El vendedor entrega la mercancía en el lugar acordado, que puede ser su propia instalación o un punto de transporte designado por el comprador. Desde ese momento, el comprador asume la responsabilidad del transporte, seguro y trámites aduaneros.

FAS (Free Alongside Ship): El vendedor coloca la mercancía en el muelle del puerto de embarque convenido. El comprador se hace cargo de la carga en el buque, el transporte, seguro y trámites aduaneros.

FOB (Free on Board): El vendedor se encarga de entregar y cargar la mercancía en el buque designado por el comprador en el puerto de embarque convenido. A partir de ese punto, el comprador asume la responsabilidad de los costos de transporte, seguro y trámites aduaneros.

Categoría C. El vendedor no solo entrega la mercancía en el lugar designado, sino que también paga el transporte principal.

CFR (Cost and Freight): El vendedor paga el flete marítimo hasta el puerto de destino convenido. Sin embargo, el comprador es responsable del seguro de la carga y de los trámites aduaneros.

CIF (Cost, Insurance and Freight): Similar al CFR, pero el vendedor también paga el seguro de la carga hasta el puerto de destino. El comprador solo se hace cargo de los trámites aduaneros.

CPT (Carriage Paid To): El vendedor paga el flete hasta el punto convenido (que puede ser un punto intermedio o el puerto de destino final), pero el seguro y los trámites aduaneros son responsabilidad del comprador.

CIP (Carriage and Insurance Paid To): El vendedor paga el flete y el seguro hasta el punto convenido. El comprador se encarga de los trámites aduaneros.

Categoría D. El vendedor se encarga de todo el proceso hasta la entrega final de la mercancía al comprador.

DAP (Delivered at Place): El vendedor paga el flete hasta el punto convenido, dentro del país de destino. El comprador se encarga del seguro de la carga y de los trámites aduaneros.

DAT (Delivered at Terminal): El vendedor entrega la mercancía en una terminal de transporte, como un puerto o aeropuerto, pagando el flete hasta ese punto. El comprador es responsable del seguro y de los trámites aduaneros.

DDP (Delivered Duty Paid): El vendedor asume todos los costes de transporte y trámites aduaneros hasta la entrega de la mercancía en el punto convenido dentro del país de destino. Este término es el más conveniente para el comprador, ya que el vendedor asume casi todas las responsabilidades.

Elección del Incoterm adecuado.

- La elección del Incoterm adecuado depende del tipo de transacción comercial, el medio de transporte utilizado y las responsabilidades que el vendedor y el comprador estén dispuestos a asumir. Al seleccionar un Incoterm, es crucial considerar:
  - Coste. Algunos Incoterms pueden implicar mayores costos iniciales para el vendedor pero menos complicaciones para el comprador y viceversa.
  - Riesgo. Determinar quién asumirá los riesgos en cada etapa del transporte.
  - Control. Decidir hasta qué punto el comprador o el vendedor desea controlar el proceso de envío.

Incoterms y Amazon FBA

Para los vendedores de marca privada en Amazon FBA, los Incoterms más utilizados son **EXW, FOB, DDP, CFR** y **CIF.**

- EXW (Ex Works): Ideal para compradores que prefieren tener el control total del proceso de envío y tienen la capacidad de gestionar la logística desde el punto de origen.
- FOB (Free on Board): Comúnmente utilizado cuando se trabaja con agentes de carga que se encargan de la logística a partir del puerto de embarque.
- DDP (Delivered Duty Paid): Preferido por aquellos que buscan una solución sin complicaciones, ya que el vendedor asume la mayoría de las responsabilidades logísticas.

- CFR (Cost and Freight): Adecuado cuando el comprador desea controlar el seguro de la carga y los trámites aduaneros, pero prefiere que el vendedor gestione el transporte hasta el puerto de destino.
- CIF (Cost, Insurance and Freight): Similar al CFR, pero ofrece una mayor seguridad al incluir el seguro de la carga pagado por el vendedor.

"Con los Incoterms, clarifica responsabilidades y evita malentendidos en tus transacciones."

$ $ $ $ $

Importación. Transporte

"Cada método de transporte tiene su lugar en una estrategia logística bien pensada."

El transporte internacional es una pieza clave en el rompecabezas del éxito. Dominar las opciones de transporte aéreo, terrestre y marítimo permite optimizar la logística, reducir costes y garantizar la entrega oportuna de tus productos a los clientes de todo el mundo.

1- Transporte Airexpress. Velocidad y eficiencia en pequeñas cargas

El transporte airexpress se distingue por su rapidez y eficiencia, lo que lo convierte en la opción preferida para envíos que requieren urgencia. Este método es ideal para cargas ligeras y de pequeño tamaño, como accesorios tecnológicos y joyería.

Es aconsejable para cargas de hasta 200 kg, ofreciendo un servicio puerta a puerta desde la fábrica hasta los almacenes de Amazon. Su mayor costo, que oscila entre los 5 y 9 dólares por kilogramo, se ve compensado por tiempos de entrega que varían entre 2 y 5 días hábiles.

Entre las ventajas del airexpress destacan su alta seguridad y la experiencia de las compañías aéreas involucradas, como DHL, FedEx, y UPS. Existen restricciones en cuanto a los productos que se pueden transportar, como los inflamables o perecederos.

Ejemplo: Una empresa de tecnología en San Francisco envía auriculares inalámbricos a través de UPS Airexpress desde Shenzhen. La rapidez de este servicio asegura que los productos lleguen a tiempo para una campaña promocional crítica en Amazon.

2- Transporte Air Cargo. Volumen y costo eficiente.

A diferencia del airexpress, el transporte air cargo es adecuado para grandes volúmenes de mercancías a un coste menor, aunque con tiempos de entrega más largos, generalmente entre 5 y 7 días hábiles.

Este método es ideal para productos industriales y grandes envíos que no requieren la urgencia del airexpress. El costo por kilogramo puede variar entre 1 y 5 dólares.

La documentación necesaria para el air cargo es similar a la del airexpress e incluye la factura comercial, el conocimiento aéreo (airway bill), y el certificado de origen. Empresas como DHL Global Forwarding y Kuehne + Nagel lideran este tipo de transporte. Se recomienda contratar un transitario especializado para gestionar todo el proceso, desde la compañía de air cargo hasta el transporte al almacén de Amazon.

Ejemplo de uso: Una compañía de moda en Milán utiliza el servicio de DB Schenker para transportar una gran cantidad de textiles desde Guangzhou, aprovechando el menor costo por kilogramo y la capacidad de mover grandes volúmenes.

3- Transporte Marítimo. Economía a gran escala.
El transporte marítimo es la opción más económica para grandes volúmenes y cargas pesadas, especialmente desde Asia a Europa. Aunque los tiempos de entrega son más largos, de 30 a 90 días, el costo significativamente menor (entre 0,1 y 1 euro por kilogramo) lo hace ideal para productos no perecederos y de grandes dimensiones. Este método también es más amigable con el medio ambiente en términos de emisiones de CO_2.

Los puertos chinos recomendados incluyen Ningbo, Shanghai, y Shenzhen. Los tipos de contenedores varían entre 20 y 40 pies, con opciones de FCL (contenedor completo) y LCL (grupaje).

El **grupaje** permite a diferentes remitentes compartir el mismo contenedor, optimizando costos y espacio, aunque con desventajas como mayor tiempo de tránsito y menor control sobre la mercancía.

$ $ $ $ $

Importación. Impuestos

Aranceles e IVA, dos términos que pueden ser intimidantes, son elementos esenciales a tener en cuenta para calcular tus costes y proteger tu tesorería.

A. Aranceles e IVA en la importación a la Unión Europea:

Aranceles. Los aranceles son impuestos que se aplican a los bienes importados, variando según el tipo de producto, su valor y el país de origen. Para identificar el arancel correspondiente a tu producto, consulta la lista arancelaria del país importador, utilizando el código arancelario.

El cálculo del arancel se realiza mediante la siguiente fórmula:

[Valor mercancía FOB + Coste del flete + Seguro] x Tasa del arancel

IVA de aduana. El IVA de aduana es un impuesto que grava las importaciones de bienes y servicios provenientes de países no pertenecientes a la UE. Se aplica en el momento en que la mercancía ingresa al territorio de la UE, equiparando el tratamiento fiscal de las importaciones con el de las ventas internas. El IVA no es un coste para ti, pero afecta a tu tesorería, por que debes adelantarlo en el momento del despacho de aduana.

La base imponible del IVA de aduana se calcula de la siguiente manera:
[Valor CIF (aduana) + Coste Arancel + Tasa Portuaria + THC(Tasa de Desestiba)] * % IVA (En España el tipo general es el 21%)

B. Aranceles e Impuestos Indirectos a las Ventas (Sales Tax) en Estados Unidos:

Aranceles. En Estados Unidos, los aranceles se aplican a las importaciones basándose en el tipo de producto, su valor y el país de origen.

La clasificación arancelaria se realiza utilizando el Sistema Armonizado de Designación y Codificación de Mercancías (SA).

En 2018, Trump impuso aranceles de acero y aluminio del 25% y 10% respectivamente, a las importaciones de estos productos de casi todos los países. Posteriormente, amplió los aranceles a otras importaciones como maquinaria, productos electrónicos, muebles y otros bienes de China, llegando a tarifas del 25%

Si importas a EEUU, sobre todo si es desde China, tenlo en cuenta para evitar sustos en el despacho de aduana y te veas obligado a pagar costes que no tenías previsto (arancel Trump) que destrocen el cálculo de rentabilidad del producto.

Impuesto sobre las ventas (Sales Tax). A diferencia de la Unión Europea, en Estados Unidos no existe un IVA generalizado. En su lugar, cada estado (condado o ciudad) aplica un impuesto sobre las ventas (Sales Tax) con diferentes tasas.

C. Aranceles e IVA en importaciones a México:

Aranceles. Las importaciones a México están sujetas a impuestos arancelarios, cuya tasa varía según el tipo de producto importado. Estos aranceles son cobrados por la Secretaría de Hacienda y Crédito Público (SHCP) de México.

IVA. El IVA en México es un impuesto que se aplica al valor agregado de los bienes y servicios, incluyendo las importaciones. La tasa general de IVA es del 16%. Este impuesto es cobrado por el Servicio de Administración Tributaria (SAT) de México.

$ $ $ $ $

Sección 9. Branding

Marca Privada

Una marca privada es una línea de productos que se comercializan bajo tu propia marca y exclusivamente en tu tienda de Amazon. A diferencia de revender productos de otras marcas, con una marca privada asumes el control total sobre la creación, calidad, imagen, y distribución de tus productos.

Imagina tener tu propia marca, con un nombre único, un logotipo atractivo y una identidad definida. Tus productos se convierten en embajadores de tu marca, transmitiendo tus valores y poder conectar con tu público objetivo.

Domina el mercado con tu marca privada: conquista Amazon FBA.
En Amazon, diferenciarse es crucial para el éxito. Crear una marca privada en Amazon FBA te abre las puertas a un universo de posibilidades. Permite:

- Despegarte de la competencia. Deja de ser uno más en el mar de vendedores. Con tu propia marca, te conviertes en un referente único, atrayendo clientes fieles que buscan tu valor diferencial.
- Controlar tu destino. Eres el dueño de tu marca, desde la calidad del producto hasta la imagen que proyectas. Decide cómo, cuándo y dónde vender, sin depender de terceros.
- Maximizar tus ganancias. Olvídate de los márgenes ajustados de revender marcas existentes. Con tu marca privada, puedes establecer precios competitivos y disfrutar de mayores beneficios.
- Construir un legado. Tu marca privada no es solo un negocio, es un activo que puedes hacer crecer y vender en el futuro. Imagina las posibilidades de expansión y el valor que puedes crear.

¿Estás listo para dar el salto? Veamos una guía completa para crear y gestionar tu marca privada en Amazon FBA:

1. Descubre tu nicho.

- Investiga el mercado. Explora las categorías de Amazon y busca nichos con potencial, donde la demanda supere la oferta y la competencia no sea abrumadora.
- Herramientas. Utiliza plataformas como Helium 10 y/o Jungle Scout para analizar palabras clave, volumen de búsquedas, ventas y márgenes de productos similares.
- Conviértete en un experto. Investiga a fondo tu nicho, comprende las necesidades de los clientes y las tendencias del mercado.

2. Define tu marca.

- Crea un nombre memorable. Elige un nombre que sea fácil de recordar, refleje la esencia de tu marca y se diferencie de la competencia.
- Desarrolla una identidad única.: Define tu propuesta de valor, tu estilo de comunicación y los valores que quieres transmitir.
- Crea un logotipo atractivo. Tu logotipo será la imagen visible de tu marca, asegúrate de que sea profesional y acorde a tu identidad.

3. Selecciona productos ganadores.

- Calidad como prioridad. Selecciona productos de alta calidad que satisfagan las necesidades de tu público objetivo.
- Diferenciación clave. Busca productos con características únicas que los hagan destacar entre la competencia.
- Potencial de ventas. Asegúrate de que los productos tengan una demanda comprobada y un margen de beneficio atractivo.

4. Lanza tu marca al mundo.

- Abre una cuenta profesional. Crea una cuenta profesional de vendedor en Amazon para acceder a todas las herramientas y beneficios de la plataforma.
- Registra tu marca. Protege tu marca registrándola en el organismo oficial correspondiente y en el programa Brand Registry de Amazon.

- Diseña un packaging irresistible. El packaging es la primera impresión, crea un diseño atractivo que transmita la esencia de tu marca.
- Optimiza tus listings. Crea fichas de producto completas e informativas que incluyan imágenes de alta calidad, descripciones detalladas y palabras clave relevantes.

5. Impulsa tu negocio:
- Marketing estratégico. Ejecuta estrategias de marketing efectivas para dar a conocer tu marca y atraer clientes potenciales.
- Fideliza a tus clientes. Ofrece una experiencia de compra excepcional, brinda un excelente servicio al cliente y fomenta la interacción con tu marca.
- Análisis y adaptación: Monitoriza constantemente el rendimiento de tus productos y listings, realiza ajustes y optimiza tu estrategia en base a los datos obtenidos.

$ $ $ $ $

Brand Registry Manager

"Protege tu marca, protege tu éxito. Regístrate en Amazon Brand Registry Manager y toma el control de tu presencia en la plataforma."

Brand Registry Manager es un programa exclusivo de Amazon para vendedores profesionales que les permite registrar su marca privada y obtener un conjunto de herramientas y beneficios para protegerla, potenciar y aumentar tus ventas.

En Amazon, proteger y destacar tu marca es vital para el **éxito**. Amazon Brand Registry Manager te ofrece las herramientas y beneficios necesarios para alcanzar este objetivo. Este programa exclusivo para vendedores profesionales te permite registrar tu marca privada y acceder a una serie de ventajas que impulsarán tu negocio.

Beneficios de registrar tu marca en Amazon.
Al registrar tu marca en Amazon Brand Registry, obtienes acceso a una serie de **beneficios** que te ayudarán a:

1. Proteger tu marca.
Lucha contra la falsificación y la usurpación de identidad: Amazon implementa sistemas automatizados que detectan y eliminan contenido sospechoso o incorrecto que pueda afectar a la imagen de tu marca.
Protección contra secuestradores de listings: Evita que revendedores no autorizados (conocidos como "hijackers") comercialicen tus productos sin tu consentimiento, perjudicando tus ventas y reputación.

2. Personalizar la experiencia del cliente.
Crea fichas de producto atractivas: Controla la información que aparece en la página de tu producto, incluyendo imágenes, descripciones, bullets points, títulos y más. Destaca los beneficios de tu producto y atrae a clientes potenciales.

Mejora el SEO de tus listings: Optimiza la información de tus productos para que aparezcan en los resultados de búsqueda relevantes, aumentando la visibilidad de tu marca.

3. Impulsar tus ventas.

Accede a contenido A+: Enriquece las descripciones de tus productos con contenido visual y narrativo atractivo, incrementando las tasas de conversión y reduciendo las devoluciones.

Optimiza tus anuncios: Aprovecha Sponsored Brands para promocionar tus productos con un logo y un mensaje personalizado, atrayendo la atención de clientes potenciales.

Obtén informes de análisis de marca: Accede a datos valiosos sobre el rendimiento de tu marca en Amazon, tomando decisiones estratégicas más acertadas.

Crea tu propia tienda (Store): Desarrolla una "tienda" personalizada dentro de Amazon para aumentar la visibilidad y el atractivo de tu marca.

4. Incentivos para nuevos vendedores.

Bonificaciones y descuentos. Si eres nuevo vendedor en Amazon, puedes obtener bonificaciones y descuentos al registrarte en Brand Registry Manager.

Requisitos para registrar tu marca en Amazon:

Para registrar tu marca en Amazon Brand Registry, debes cumplir con los siguientes requisitos:

- Ser titular de una cuenta profesional de vendedor de Amazon.
- Tener una solicitud de marca registrada en la Oficina de Propiedad Intelectual de la Unión Europea (EUIPO), en la Oficina Española de Patentes y Marcas (OEPM) o en la United States Patent and Trademark Office (USPTO).
- Proporcionar información básica sobre tu marca, incluyendo el nombre, el tipo de marca y el número de registro.
- Enviar fotografías del packaging o de un producto con el logo de la marca.

Pasos para registrar tu marca en Amazon

1. Accede a Brand Registry Manager: Inicia sesión en tu cuenta de vendedor de Amazon y busca la opción "Brand Registry Manager".
2. Registra tu marca: Introduce la información requerida sobre tu marca y sube las fotografías solicitadas.
3. Envía la solicitud: Revisa la información proporcionada y envía la solicitud para su revisión. Amazon te responderá en un plazo máximo de 3 días hábiles.

"Combate la falsificación y la usurpación de identidad. Brand Registry Manager es tu escudo contra los competidores desleales."

$ $ $ $ $

Sección 10. Listing

The listing

¿Qué es un Listing en Amazon?

En Amazon, cada producto tiene su propio escaparate virtual: el listing. Esta página detallada alberga toda la información crucial que los clientes necesitan para tomar una decisión de compra informada.

Un listing de producto en Amazon es fundamental para ofrecer toda la información que los compradores necesitan para tomar una decisión de compra informada. Este debe captar y mantener la atención tanto de los compradores como del algoritmo de búsqueda de Amazon, conocido como A9.

Para atraer a los compradores, el listing debe ser claro y convincente, con una llamada a la acción efectiva que impulse la venta. Las imágenes deben ser de alta calidad y mostrar el producto desde múltiples ángulos, resaltando sus características más importantes. La descripción tiene que ser detallada y precisa, destacando los beneficios y usos del producto. Los bullet points deben ser concisos y enfocar las características clave y ventajas del producto.

Recuerda

Tu listing es tu vendedor estrella. Es el que capta la atención, despierta el interés y convierte a los visitantes en clientes satisfechos.

Componentes clave de un listing de éxito:

- Título: Atractivo y con las palabras clave adecuadas para que tu producto se destaque en las búsquedas.
- Descripción: Completa, informativa y persuasiva, destacando los beneficios y características únicas de tu producto.

- Puntos de bala: Concisos y convincentes, resaltando las ventajas que diferencian tu producto de la competencia.
- Imágenes: Profesionales, de alta calidad y que muestren tu producto desde diferentes ángulos.
- Precio: Competitivo y atractivo para tu público objetivo.
- Marca: Clara y visible, para reforzar el reconocimiento y la confianza en tu marca privada.
- Detalles adicionales: Incluye información como preguntas frecuentes y especificaciones técnicas.

Idea básica

Un listing efectivo es una herramienta poderosa que informa, emociona y posiciona tu producto en Amazon.

"Tu listing en Amazon es tu vendedor estrella: enamora a compradores y conquista el algoritmo A9 para disparar tus ventas."

Los dos jefes que gobiernan tu éxito:

- El Comprador: Tu listing debe ser una guía completa que satisfaga sus necesidades, impulsando la conversión y la satisfacción del cliente.
- El Algoritmo A9: El "cerebro" de las búsquedas de Amazon. Optimiza tu listing con palabras clave relevantes para que tu producto se destaque en los resultados orgánicos y atraiga tráfico de compradores potenciales.

Crea listings que equilibren información, emoción y posicionamiento:

Un listing efectivo no solo informa, sino que también emociona al comprador, creando una conexión con la historia y los valores de tu marca.

"Informa, emociona y posiciona: crea listings que sean la clave para el éxito de tu marca privada."

El listing es un ejercicio de equilibrio; debe ser informativo, atractivo y optimizado para los motores de búsqueda.

Clave

La optimización del listing es un equilibrio entre proporcionar suficiente información para los compradores y asegurarse de que el producto sea fácilmente encontrable por el algoritmo de Amazon. Un listing bien optimizado aumenta las posibilidades de aparecer en la primera página de resultados orgánicos e incrementar significativamente las ventas.

$ $ $ $ $

Listing. Título

"Un título bien elaborado puede aumentar significativamente las posibilidades de que los clientes encuentren y compren tu producto."

Un **título** es la etiqueta principal que identifica un producto específico en la plataforma. Es el texto que aparece de forma destacada en la página del producto y juega un papel crucial en la captación de la atención de los compradores potenciales y en la mejora de la visibilidad del producto en los resultados de búsqueda.

Tu título es la carta de presentación: la primera impresión que los compradores tendrán de tu producto. Un título atractivo, relevante y optimizado para SEO puede ser la diferencia entre el éxito y el fracaso en Amazon.

El título debe ser…

- Relevante. Informativo y preciso, describiendo claramente las características del producto.
- Encontrable. Incluye las palabras clave que los clientes utilizan para buscar productos en Amazon (keywords).
- Claro y conciso. Fácil de leer y entender, utilizando un lenguaje sencillo y directo.
- Destaca lo único. Enfatiza las características diferenciadoras del producto y su valor para el cliente.
- Extensión adecuada. Aprovecha los 200 caracteres disponibles, pero recuerda que la extensión óptima para Amazon suele estar entre 80 y 100 caracteres.
- Palabras clave. El poder invisible. Las palabras clave son términos mágicos que los clientes utilizan para encontrar productos en Amazon. Incluir palabras clave relevantes y estratégicas en tu título es crucial para que tu producto aparezca en los resultados de búsqueda y atraiga a los compradores adecuados.

¿Cómo encontrar las palabras clave perfectas?

- Brainstorming. Anota todas las palabras y frases que crees que los clientes usarían para buscar tu producto.
- Con herramientas específicas de Amazon. Helium 10 o Jungle Scout.
- Herramientas de búsqueda de palabras clave. Google Ads, Ubersuggest, Answer the Public, SEMrush, Ahrefs, Moz. Una búsqueda en Google puede llevar a tu producto en Amazon.

Consejos para crear títulos efectivos:
- Utiliza un lenguaje sencillo y directo.
- Evita el uso de mayúsculas excesivas y signos de puntuación especiales.
- Destaca las características únicas y el valor de tu producto.

Ejemplos de títulos efectivos:
- Botella de Agua Reutilizable de Acero Inoxidable 750 ml - Aislada al Vacío de Doble Pared - Mantiene Bebidas Frías por 24 horas y Calientes por 12 horas - Ideal para Deporte, Oficina y Viajes
- Cafetera Francesa de Vidrio Borosilicato 1 Litro - Prensa Francesa con Filtro de Acero Inoxidable - Cafetera de Émbolo para Café y Té - Fácil de Limpiar y Duradera
- Set de Utensilios de Cocina de Silicona 12 Piezas - Resistentes al Calor y Antiadherentes - Mangos de Madera Natural - Incluye Espátula, Cucharón, Batidor y Más - Apto para Lavavajillas
- Lámpara de Escritorio LED Regulable con Puerto USB - Luz de Lectura con Control Táctil y 5 Niveles de Brillo - Brazo Ajustable y Diseño Moderno - Ideal para Oficina y Estudio
- Auriculares Inalámbricos Bluetooth con Cancelación de Ruido Activa - Micrófono Integrado y 30 Horas de Reproducción - Sonido Estéreo de Alta Fidelidad - Compatibles con iOS y Android

$ $ $ $ $

Listing. Viñetas

"Transforma las características en beneficios y haz que tus viñetas sean la clave para desbloquear las conversiones en Amazon."

Las viñetas son puntos concisos y destacados que presentan información clave sobre un producto de manera clara y organizada. Su función principal es resumir los beneficios y características más importantes del producto, atrayendo la atención del comprador y guiándolo hacia la decisión de compra.

Las primeras impresiones son cruciales. Los compradores potenciales solo dedican unos segundos a escanear un listing antes de decidir si profundizar o seguir adelante. Es por eso que las viñetas, o "bullet points", son elementos **esenciale**s para captar su atención y destacar los beneficios de tu producto.

Las viñetas efectivas no solo enumeran características, sino que resaltan los beneficios que tu producto ofrece a los clientes. Deben ser concisas, informativas y persuasivas, utilizando un lenguaje claro y directo que resuene con tu público objetivo.

Guía para optimizar las viñetas de tus listings de productos en Amazon:

1. Enfócate en los beneficios, no en las características.
Resiste la tentación de simplemente enumerar las características de tu producto.
En su lugar, céntrate en cómo esas características se traducen en beneficios tangibles para el cliente.
Pregúntate: ¿qué problema resuelve mi producto? ¿Cómo mejora la vida del cliente? Responde estas preguntas en tus viñetas, utilizando un lenguaje claro y sencillo que el comprador promedio pueda entender.

2. Utiliza un lenguaje conciso y atractivo.

Cada viñeta debe ser breve y contundente, transmitiendo un mensaje claro en pocas palabras. Evita oraciones largas y complejas que puedan perder la atención del lector.

Utiliza un lenguaje activo y dinámico que despierte el interés. Elige palabras que sean descriptivas y evocadoras, creando una imagen vívida del producto y sus beneficios.

3. Incorpora palabras clave relevantes.

Investiga las palabras clave que los compradores potenciales utilizan para buscar productos como el tuyo. Incluye estas palabras clave de forma natural en tus viñetas, sin caer en el spam o el keyword stuffing.

Utiliza herramientas de investigación de palabras clave para identificar los términos más relevantes y con mayor volumen de búsqueda. Amazon Seller Central también ofrece herramientas integradas para ayudarte a encontrar palabras clave relevantes.

4. Mantén un tono coherente.

Todas las viñetas deben tener un estilo y un tono consistentes, creando una experiencia de lectura fluida y atractiva.

Evita cambios bruscos de tono o lenguaje que puedan desconcertar al lector.

5. Aprovecha al máximo el espacio disponible.

Amazon permite hasta cinco viñetas por producto. Asegúrate de utilizar todas ellas para presentar los beneficios más importantes de tu producto. No desperdicies espacio repitiendo información o utilizando frases genéricas. Cada viñeta debe aportar un valor único al listing.

6. Utiliza llamadas a la acción.

Anima a los compradores a actuar incluyendo una llamada a la acción clara en una de las viñetas. Esto podría ser algo como "Cómpralo ahora" o "Añádelo a tu carrito".

Las llamadas a la acción crean una sensación de urgencia y motivan a los compradores a tomar una decisión inmediata.

7. Revisa y mejora continuamente.

Monitoriza el rendimiento de tus viñetas utilizando las herramientas de análisis de Amazon Seller Central.

Realiza pruebas A/B para diferentes versiones de tus viñetas e identifica las que mejor convierten.

Actualiza tus viñetas periódicamente para reflejar los cambios en el producto, las tendencias del mercado y los comentarios de los clientes.

Ejemplos de viñetas / bullets points:

1. Botella de agua reutilizable de acero inoxidable.

- Mantiene la temperatura: Mantén tus bebidas frías por 24 horas y calientes por 12 horas gracias a la tecnología de aislamiento al vacío de doble pared.
- Duradera y Ecológica: Fabricada con acero inoxidable de alta calidad, esta botella es resistente a golpes y 100% libre de BPA, contribuyendo a reducir el uso de plásticos desechables.
- Fácil de Transportar: Su diseño ergonómico y la tapa a prueba de fugas la hacen ideal para llevar en mochilas, coches y portavasos.
- Fácil de Limpiar: Su boca ancha permite una limpieza fácil y la adición de cubos de hielo para bebidas extra frías.
- Versátil: Perfecta para el gimnasio, la oficina, viajes, senderismo y cualquier actividad al aire libre.

2. Cafetera francesa de vidrio.

- Sabor Puro: Disfruta de un café de sabor robusto y auténtico, gracias al filtro de acero inoxidable que retiene los aceites esenciales del café.
- Fácil de Usar: Solo agrega café molido y agua caliente, presiona el émbolo y tendrás un café delicioso en minutos.

- Materiales de Alta Calidad: Vidrio borosilicato resistente al calor que no absorbe olores ni sabores, asegurando cada taza sea perfecta.
- Limpieza Sencilla: Totalmente desmontable y apta para lavavajillas, facilitando la limpieza después de cada uso.
- Diseño Elegante: Añade un toque de estilo a tu cocina con su diseño moderno y elegante que combina con cualquier decoración.

3. Set de utensilios de cocina de silicona

- Protege tus Sartenes: La silicona suave y resistente al calor evita arañazos en tus utensilios de cocina, prolongando su vida útil.
- Resistencia al Calor: Utiliza tus utensilios con seguridad en temperaturas de hasta 230°C sin preocuparte por derretimientos o deformaciones.
- Mangos Cómodos: Los mangos de madera natural proporcionan un agarre seguro y cómodo, evitando quemaduras durante la cocción.
- Fácil de Limpiar: Apto para lavavajillas y resistente a manchas, lo que facilita la limpieza después de cocinar.
- Todo en Uno: El set incluye todos los utensilios esenciales que necesitas, desde espátulas hasta batidores, para preparar cualquier receta.

4. Lámpara de Escritorio LED con Puerto USB

- Iluminación Personalizable: Ajusta el brillo y la temperatura de color para crear el ambiente perfecto para trabajar, estudiar o relajarte.
- Diseño Ergonómico: El brazo ajustable y el cabezal giratorio te permite dirigir la luz exactamente donde la necesitas.
- Ahorro de Energía: La tecnología LED de bajo consumo proporciona una luz brillante y uniforme, reduciendo tu factura de electricidad.
- Estilo Moderno: Su diseño minimalista y elegante complementa cualquier espacio de oficina o estudio.

5. Auriculares Inalámbricos Bluetooth con cancelación de ruido

- Escucha sin interrupciones: La cancelación activa de ruido bloquea los sonidos externos, permitiéndote concentrarte en tu música, llamadas o podcasts.
- Conexión Inalámbrica Estable: Disfruta de una conexión Bluetooth 5.0 estable y sin interrupciones, compatible con todos tus dispositivos.
- Larga Duración de la Batería: Hasta 30 horas de reproducción continua para acompañarte durante todo el día sin necesidad de recargar.
- Comodidad Todo el Día: Almohadillas ergonómicas y un diseño ligero que ofrecen un ajuste cómodo, incluso durante largas sesiones de uso.
- Sonido de Alta Calidad: Experimenta un sonido estéreo de alta fidelidad con graves profundos y agudos claros para una experiencia auditiva inmersiva.

$ $ $ $ $

Listing. Descripción

"No subestimes el poder de una buena descripción: puede ser la diferencia entre el éxito y el fracaso en Amazon."

La descripción del producto en el listing indica con detalle las características, usos y beneficios del producto. Es una pieza fundamental para ayudar a los clientes a tomar una decisión de compra informada.

Características de una buena descripción de producto:

- Claridad y concisión. Ve al grano, utilizando un lenguaje sencillo y directo que resuene con tu público objetivo.
- Persuasión. Despierta el interés del comprador destacando los beneficios clave del producto y cómo solucionará sus necesidades.
- Información completa. Brinda todos los detalles relevantes sobre el producto, incluyendo características, dimensiones, materiales y usos.
- SEO estratégico. Incorpora palabras clave relevantes para mejorar el posicionamiento de tu producto en los resultados de búsqueda.
- Estructura atractiva. Organiza la información en párrafos cortos, utiliza listas y resalta los puntos importantes para facilitar la lectura.

Beneficios de una descripción brillante:

- Aumento de las conversiones: Una descripción convincente puede ser la diferencia entre una visita y una compra.
- Reducción de devoluciones: Al proporcionar información completa, se minimizan las dudas y las devoluciones por expectativas no cumplidas.
- Mejora de la experiencia del cliente: Una descripción clara y útil genera satisfacción y confianza en el comprador.
- Posicionamiento destacado: Un buen uso de palabras clave te ayuda a escalar en los resultados de búsqueda y ganar visibilidad.

Pasos para crear una descripción de producto excepcional

- Define tu público objetivo. ¿A quién quieres vender? Comprende sus necesidades, intereses y lenguaje.
- Identifica los beneficios clave. ¿Qué hace que tu producto sea único y valioso? Enfócate en lo que lo diferencia de la competencia.
- Investiga las palabras clave. Utiliza herramientas de SEO para encontrar las palabras clave relevantes que buscan tus clientes potenciales.
- Crea un esquema. Organiza la información en secciones lógicas, incluyendo introducción, características, beneficios, especificaciones y conclusión.
- Redacta con pasión. Escribe un texto atractivo y persuasivo que destaque los beneficios del producto y genere entusiasmo en el lector.
- Revisa y edita. Asegúrate de que la descripción esté libre de errores gramaticales y ortográficos, y que el lenguaje sea claro y conciso.
- Optimiza para SEO. Incorpora las palabras clave relevantes de manera natural, sin afectar la fluidez del texto.
- Maqueta en HTML. Utiliza etiquetas HTML para estructurar la descripción y mejorar su legibilidad (negritas, listas, viñetas, párrafos etc.). En Amazon, el poder de las palabras se multiplica cuando se combina con el lenguaje HTML. Imagina transformar una descripción plana y aburrida en un escaparate virtual atractivo y efectivo. ¡El HTML lo hace posible!

El código HTML (HyperText Markup Language) es el lenguaje que da vida a las páginas web. Al aplicarlo a tus descripciones de productos en Amazon, puedes:

- Mejorar la legibilidad: Estructura el texto en párrafos, listas y secciones para facilitar la lectura y la comprensión.
- Destacar información clave: Utiliza negrita, cursiva y colores para resaltar los beneficios, características y puntos fuertes del producto.

- Aumentar el atractivo visual: Crea una descripción más dinámica y atractiva, capturando la atención del cliente y aumentando las posibilidades de conversión.

Beneficios de usar código HTML en las descripciones de productos
- Mejora la experiencia del cliente: Una descripción bien estructurada y fácil de leer brinda una mejor experiencia de compra, reduciendo las dudas y aumentando la satisfacción.
- Impulsa las conversiones: Un diseño atractivo y una información bien organizada guían al cliente hacia la compra, aumentando las ventas.
- Optimiza el SEO: El uso estratégico de etiquetas HTML puede mejorar el posicionamiento de tu producto en los resultados de búsqueda.

¿Cómo usar código HTML en Amazon?
1. Conoce las etiquetas permitidas: Amazon restringe el uso de HTML para mantener la coherencia visual. En general, se permiten etiquetas como:
<p> para crear párrafos
<b> para negrita
<i> para cursiva
<ul> y <li> para crear listas

2. Utiliza herramientas online. Existen herramientas gratuitas que te permiten escribir tu descripción en formato normal, formatearla y luego generar el código HTML correspondiente:

https://www.sellerapp.com

3. Recuerda: menos es más. No abuses del formato HTML, ya que puede dificultar la lectura. Enfócate en resaltar la información clave y mantener una estructura clara y organizada.

Ejemplo de descripción.

Batidora de mano
La Batidora de Mano Inalámbrica de Jack´s Home es la solución perfecta para todas tus necesidades culinarias. Diseñada pensando en la conveniencia y la eficiencia, esta batidora combina potencia, versatilidad y facilidad de uso, permitiéndote crear desde batidos suaves hasta sopas cremosas sin el lío de los cables.

Características:
- Potencia de 250 Watts: **Potente motor** que permite batir, mezclar y triturar con facilidad, asegurando una consistencia perfecta en cada uso.
- **Batería Recargable:** Batería de larga duración que ofrece hasta 20 minutos de uso continuo con una sola carga. Incluye una base de carga rápida para recargar completamente en solo 2 horas.
- **3 Velocidades Ajustables**: Selecciona entre las velocidades baja, media y alta para adaptarse a cualquier receta.
- **Accesorios Intercambiables:** Incluye un batidor de alambre, una varilla mezcladora y un vaso medidor de 600 ml, todos aptos para lavavajillas.
- **Diseño Ergonómico:** Mango antideslizante y ligero para un uso cómodo y seguro, incluso durante períodos prolongados.

Beneficios para el Usuario:

- **Movilidad Total:** La ausencia de cables te permite moverte libremente en la cocina y utilizar la batidora en cualquier recipiente sin restricciones.
- **Versatilidad en la Cocina:** Desde preparar batidos saludables hasta salsas y purés, esta batidora es tu aliada perfecta para una gran variedad de recetas.
- **Fácil de Limpiar:** Los accesorios desmontables y aptos para lavavajillas facilitan la limpieza, ahorrándote tiempo y esfuerzo.
- **Ahorro de Tiempo:** La carga rápida y la batería de larga duración aseguran que tu batidora esté siempre lista cuando la necesites, sin interrupciones.
- **Calidad y Durabilidad:** Fabricada con materiales de alta calidad, esta batidora está diseñada para durar y ofrecer un rendimiento consistente a lo largo del tiempo.

Preguntas frecuentes:

- ¿Cuánto tiempo dura la batería con una carga completa? La batería ofrece hasta 20 minutos de uso continuo con una sola carga completa. Esto es suficiente para la mayoría de las tareas culinarias diarias.
- ¿Puedo utilizarla para triturar hielo? Sí, la batidora de mano es lo suficientemente potente como para triturar hielo, ideal para preparar bebidas frías y smoothies.
- ¿Es difícil cambiar los accesorios? No, los accesorios son fáciles de intercambiar gracias a su diseño de acoplamiento rápido. Simplemente retira un accesorio y coloca el nuevo hasta que encaje.
- ¿Es ruidosa durante su uso? La batidora de mano está diseñada para ser potente pero silenciosa, proporcionando un funcionamiento eficiente sin ruido excesivo.
- ¿Qué incluye el paquete? El paquete incluye la batidora de mano inalámbrica, un batidor de alambre, una varilla mezcladora, un vaso medidor de 600 ml y una base de carga rápida.

$ $ $ $ $

Listing. Imágenes

"En Amazon, la primera impresión lo es todo. La primera imagen de tu producto debe ser impecable."

Las imágenes de producto son la primera impresión que los clientes tienen del producto. Influyen significativamente en su decisión de compra.

Imagina que inviertes tiempo y recursos en crear un producto increíble, pero las imágenes de tu listing son de baja calidad o no muestran el producto de forma atractiva. ¿Qué crees que pasará? Los clientes se irán a la competencia. No lo permitas. En este capítulo te guiamos para crear imágenes de producto en Amazon que atraigan la atención, generen confianza y aumenten tus ventas.

Características clave de las imágenes de producto excepcionales.:
- Claridad y calidad (pixels). Permite a los clientes ver todos los detalles del producto.
- Representación fiel. Muestra solo lo que está a la venta, sin accesorios engañosos.
- Iluminación adecuada. Colores y detalles precisos, sin sombras ni distorsiones.
- Enfoque correcto. Todos los detalles importantes del producto son visibles.
- Tamaño mínimo: 1500 x 1500 píxeles (formato cuadrado) para permitir el zoom.
- Formatos de archivo: JPEG o TIFF (no GIF animados).

La primera imagen: tu carta de presentación
- La primera imagen del listing es la más importante, ya que es la que se muestra en los resultados de búsqueda y en la página del producto. Debe cumplir con los siguientes requisitos de Amazon:
- Representación fiel del producto.

- Fondo blanco.
- Solo el producto, sin accesorios adicionales.
- Sin texto, logotipos o marcas de agua.

El resto de imágenes del listing debes buscar:
- Diferentes ángulos que permita a los clientes ver el producto desde distintos puntos de vista.
- Uso con modelos. Muestra cómo se utiliza el producto en la vida real.
- Ambiente y estilo de vida. Sitúa el producto en un contexto atractivo.
- Fotografías 360°. Ofrece una vista completa del producto.
- Infografías. Destaca características y beneficios clave.
- Indica las medidas (si corresponde).
- Vídeos de producto o marca: Atrae la atención y genera interés.
- Aprovecha los espacios visuales disponibles en Amazon para mostrar tu producto en todo su esplendor (suelen ser 7, depende de la categoría y marketplace).

Cómo crear imágenes de producto de alta calidad. Opciones:
1. Contrata a un fotógrafo profesional.
Si cuentas con el presupuesto, un fotógrafo profesional puede crear imágenes de alta calidad que capturen la esencia de tu producto. Busca fotógrafos con experiencia en fotografía de productos para Amazon.

2. ¿Las haces tú? Utiliza una cámara de calidad.
Si decides tomar las fotos tú mismo, asegúrate de utilizar una cámara de calidad con buena resolución y ajustes de enfoque. Los smartphones de gama alta pueden ofrecer resultados sorprendentes.

3. Configura la iluminación adecuada.
La iluminación es crucial para obtener imágenes nítidas y atractivas. Utiliza luz natural siempre que sea posible. Si no tienes acceso a luz natural, utiliza focos de luz blanca y evita la luz amarilla.

4. Crea un espacio de trabajo adecuado.

Busca un lugar con buena iluminación, libre de distracciones. Puedes utilizar una mesa y un fondo blanco o gris para que el producto resalte.

5. Utiliza una caja de luz de fotografía.

Si quieres mejorar aún más la calidad de las fotos, compra una caja de luz de fotografía. Ayuda a crear una luz uniforme en todo el objeto.

6. Edita las fotos.

La edición puede ayudarte a mejorar la calidad de las fotos, eliminar el fondo, ajustar el color y añadir detalles. Existen herramientas de edición gratuitas y de pago disponibles.

7. Cumple con las normas de Amazon.

Asegúrate de que todas tus imágenes cumplen con las normas de Amazon para evitar que suspendan tu listing.

Recursos para la **edición** de fotos:
- Canva: Edita fotos y crea plantillas personalizadas. https://www.canva.com/
- Pixlr: Editor de fotos online gratuito. https://pixlr.com/editor/
- Fotor: Editor de fotos online con funciones de eliminación de fondo. https://www.fotor.com/

Contrata un **fotógrafo profesional:**

Si prefieres delegar la creación de imágenes a un profesional, existen plataformas online que te conectan con fotógrafos: fiverr.com

$ \$ \$ \$ \$ \$ $

Sección 11. Precio

El precio. ¿Atracción o repulsión? El poder de un precio adecuado en Amazon FBA

"Precio + Valor = Éxito
Establece precios basados en el valor que aportas al cliente y observa cómo tu marca privada se eleva a la cima."

El precio es un imán para atraer o expulsar a los clientes. Es un indicador del valor percibido y un factor determinante en el posicionamiento en el algoritmo A9. El precio no es solo una cifra, influye en el comportamiento del consumidor y en el algoritmo de Amazon. Un precio adecuado puede ser la llave que abra las puertas de las ventas, mientras que uno desacertado no vende..

¿Por qué el precio es importante?

- Influye en el comportamiento del consumidor. El precio es el primer flechazo que recibe el comprador. Un precio atractivo lo cautiva, lo invita a explorar y, con suerte, a comprar. Un precio desorbitado lo ahuyenta como si fuera un fantasma.
- Establece si eres competitivo. Si tu precio se dispara por encima de la competencia, los clientes te ignorarán como si fueras un animal exótico. Por otro lado, un precio demasiado bajo puede generar una falsa percepción de baja calidad.
- Económico. Influye en la rentabilidad.
- Rentabilidad. El precio es el alma de tu negocio. Si es demasiado bajo, puede ser percibido como falto de calidad. Si es demasiado alto, los clientes se negarán a pagar y las ventas no llegarán.
- Posicionamiento. El algoritmo A9 de Amazon clasifica los productos en función de diversos criterios, y el precio no es una excepción. Un precio elevado sin ventas suficientes puede relegarte a las sombras, mientras que un precio competitivo te coloca en el escaparate virtual.

Estrategias de precio:

El arsenal de estrategias de precios a tu disposición es tan diverso como las tribus de Amazon. Elige la que mejor se adapte a tu marca y prepárate para la batalla:

- Precios de penetración. Estrategia diseñada para atraer clientes mediante un precio inicial bajo. Una vez establecida la lealtad del cliente, el precio puede incrementarse gradualmente, permitiendo una transición suave hacia márgenes de beneficio más altos.

- Precios premium. Estrategia que posiciona productos de alta gama a precios elevados para reflejar su exclusividad y calidad superior. Ideal para marcas que buscan atraer a un público sofisticado y dispuesto a pagar por la excelencia.

- Precios dinámicos. Estrategia que ajusta los precios en tiempo real, basándose en la demanda del mercado y otros factores relevantes, mediante el uso de software especializado. Permite que los precios se mantengan competitivos y optimizados constantemente.

- Precios psicológicos. Estrategia que utiliza la percepción del consumidor al fijar precios que terminan en 9 o 99, lo cual puede influir en la decisión de compra. Esta técnica aprovecha la psicología del consumidor para aumentar las ventas.

- Precios de temporada.Estrategia que ofrece descuentos en períodos específicos del año, con el fin de mantener el flujo de ventas y reducir el exceso de inventario. Es una táctica efectiva para capitalizar las festividades y otros eventos estacionales.

- Precios por volumen. Estrategia que proporciona descuentos a los clientes que compran en grandes cantidades. Fomenta las compras al por mayor y contribuye a incrementar los ingresos totales.

- Precios de suscripción. Estrategia que ofrece acceso continuo a un producto o servicio a cambio de un pago periódico, como un modelo de suscripción. Esta táctica asegura ingresos recurrentes y fideliza a los clientes mediante la oferta de un valor continuo.

$ $ $ $ $

Promociones

"Utiliza las promociones estratégicamente para aumentar la visibilidad de tu marca, liquidar inventario excedente, lanzar nuevos productos y alcanzar tus objetivos de ventas con mayor facilidad."

Las promociones son herramientas que permiten a los vendedores con modelo de negocio de marca privada y logística FBA despuntar en el mercado, impulsar las ventas, mejorar la visibilidad y aumentar la rentabilidad de sus productos.

Analizaremos los tres tipos principales de promociones: cupones, ofertas flash y ofertas promocionales, detallando sus características, beneficios, desventajas, requisitos, creación, costes y mejores prácticas para su implementación efectiva.

1. Cupones de descuento.

¿Qué son y por qué son importantes?

Los cupones de descuento en Amazon Seller Central son una herramienta poderosa para incrementar las ventas, la visibilidad y la rentabilidad de tus productos. Permiten a los vendedores ofrecer descuentos específicos a los clientes, atrayendo su atención y motivando la compra.

Beneficios:

- Aumento de la visibilidad. La etiqueta verde de "cupón" destaca en la página del producto, incrementando su visibilidad en los resultados de búsqueda y atrayendo la atención de los clientes.
- Aceleran las ventas. Los cupones incentivan la compra inmediata, aumentando la velocidad de venta del producto. Esto, a su vez, mejora el ranking del producto en el algoritmo de Amazon (A9), impulsando aún más su visibilidad.

- Mejora del ranking del producto. Un mayor volumen de ventas y una velocidad de venta más rápida posicionan mejor al producto en los resultados de búsqueda, aumentando su visibilidad y generando más oportunidades de venta.
- Atraen nuevas ventas. El aumento de la visibilidad y las ventas atrae a nuevos clientes potenciales, incrementando las ventas futuras.
- Reducción del gasto en PPC. Una mayor visibilidad orgánica puede reducir la necesidad de invertir en anuncios de Amazon Ads, optimizando los costes publicitarios.
- Liquidación de inventario excedente. Los cupones son útiles para eliminar stock, liquidar productos obsoletos o evitar tarifas de almacenamiento prolongado en los almacenes de Amazon.
- Fomento de reseñas. Un mayor número de ventas aumenta las posibilidades de obtener más reseñas de clientes, tanto del producto como del vendedor.

Idea clave

El incremento de ventas generado por los cupones de descuento tiene un efecto positivo en la velocidad de venta, el ranking del producto, las ventas futuras y la reducción del gasto en anuncios PPC.

Características:
- Los vendedores pueden crear cupones para productos específicos o para un conjunto de productos.
- Los descuentos pueden ser una cantidad fija o un porcentaje del precio del producto.
- Se puede establecer la cantidad máxima de cupones disponibles, la fecha de inicio y finalización de la oferta, y la cantidad mínima de compra para aplicar el descuento.

Cómo crear cupones de descuento en Amazon Seller Central:
- Inicia sesión en tu cuenta de Seller Central.
- Selecciona la pestaña "Publicidad" en el menú superior y haz clic en "Cupones".

- Elige el producto o productos para los cuales deseas crear el cupón.
- Establece el tipo de descuento, la cantidad máxima de cupones, las fechas de inicio y finalización de la oferta, y la cantidad mínima de compra.
- Confirma los detalles del cupón y haz clic en "Crear cupón".

¿Cuándo usar los cupones de descuento?
- Promocionar nuevos productos. Atraer clientes a nuevos productos y fomentar las primeras ventas y reseñas.
- Aumentar las ventas en temporada baja. Incentivar la compra durante periodos de baja demanda.
- Liquidar el exceso de inventario. Eliminar stock de productos con caducidad cercana o obsoletos.

Mejores prácticas:
- Ofrece un descuento atractivo pero que no afecte significativamente la rentabilidad del producto.
- Establece una cantidad limitada de cupones para crear un sentido de urgencia y aumentar la demanda en poco tiempo.
- Monitorea el desempeño de los cupones y ajusta la estrategia según sea necesario.
- Utiliza los cupones en los lanzamientos de producto para facilitar las primeras ventas y reseñas.
- Implementa cupones en ASIN con baja conversión y alto tráfico para mejorar la tasa de conversión.

2- Ofertas Flash.
Las Ofertas Flash son promociones temporales que ofrece Amazon Seller Central a los vendedores para que puedan descontar significativamente productos seleccionados durante un periodo de tiempo limitado.

Estas ofertas aparecen en una sección especial de la plataforma, atrayendo la atención de los compradores que buscan ofertas irresistibles.

Beneficios:

- Impulso de las ventas. Inyecta una dosis de adrenalina a tus ventas generando un efecto de urgencia irresistible para los compradores. Observa cómo se disparan las conversiones y las ventas se disparan en un abrir y cerrar de ojos.
- Visibilidad amplificada. Destaca entre la multitud y coloca tus productos en el centro de atención gracias a su ubicación privilegiada en la sección de ofertas flash de Amazon. Atrae a nuevos clientes y aumenta el reconocimiento de tu marca.
- Liquidez. Deshazte del inventario excedente de manera eficiente y convierte esos productos en efectivo. Las Ofertas Flash te ayudan a ahorrar en tarifas de almacenamiento y optimizar la rotación de tu stock.
- Visibilidad y relevancia multiplicadas: Más allá del aumento inmediato en las ventas, las Ofertas Flash elevan la visibilidad y relevancia de tu producto en la plataforma, generando un impacto duradero en tu posicionamiento.

Desventajas:

- Rentabilidad temporalmente reducida. Ten en cuenta que los descuentos ofrecidos en las Ofertas Flash impactan directamente en el margen de ganancia del producto. Es importante evaluar cuidadosamente el descuento para encontrar el equilibrio perfecto entre rentabilidad y atractivo para el cliente.
- Demanda fluctuante. El aumento temporal de la demanda generado por las Ofertas Flash podría ocasionar problemas de stock o retrasos en la entrega. Asegúrate de contar con suficiente inventario para atender la demanda y mantener una experiencia de compra satisfactoria.

- Competencia intensificada. Prepárate para enfrentar una mayor competencia durante las Ofertas Flash, ya que otros vendedores podrían aprovechar la ocasión para bajar sus precios. Mantente firme en tu estrategia y destaca tu producto por sus diferenciales únicos.
- Coste adicional. Cada venta realizada a través de una Oferta Flash implica una tarifa por parte de Amazon. Ten en cuenta este costo al establecer el precio de oferta para garantizar la rentabilidad de la promoción.

3- Ofertas

Las Ofertas en Amazon Seller Central son herramientas promocionales que permiten a los vendedores con modelo de negocio de marca privada y logística FBA establecer descuentos en sus productos durante un tiempo determinado o bajo ciertas condiciones específicas.

Estas promociones pueden incluir descuentos porcentuales, ofertas "compra uno y llévate otro" (2x1 o 3x2), cupones de descuento o promociones de envío gratis.

Tipos de ofertas en Amazon Seller Central:
- Descuentos porcentuales: Reducen el precio original del producto en un porcentaje específico.
- Ofertas 2x1 y 3x2: Permiten al cliente adquirir dos o tres productos por el precio de uno.

$ $ $ $ $

Sección 12. Lanza. Posiciona. Prueba social

¡Despegue exitoso! Planifica, ejecuta y optimiza el lanzamiento de tu producto en Amazon FBA

"No te lances al vacío: Planifica, ejecuta y optimiza tu lanzamiento para garantizar un aterrizaje exitoso."

¡Enhorabuena! Tu producto está listo para conquistar las estanterías virtuales de Amazon. Pero antes de lanzarlo al espacio sideral, es crucial seguir una estrategia sólida para garantizar un despegue exitoso y evitar aterrizajes forzosos.

En esta guía veremos, paso a paso, las fases de lanzamiento de tu producto FBA de marca privada, siguiendo estrictamente las directrices de Amazon y elevando tus posibilidades de éxito en la pataforma.

Fase 1. Preparativos pre-lanzamiento.
1. Publica tu producto.
- Accede a Seller Central y haz clic en "Agregar un producto".
- Selecciona la categoría adecuada y completa la información requerida: título, descripción, imágenes y precio.
- Asegúrate de cumplir con las políticas de Amazon en cuanto a información del producto.

2. Optimiza tu listing.
- Investiga palabras clave relevantes y populares para tu producto (Google Ads, Helium10, Jungle Scout).
- Incluye las keywords en el título (máximo 200 caracteres), viñetas, descripción y apartado específico para keywords.
- Crea un título atractivo que describa el producto y lo haga llamativo para los clientes.
- Utiliza imágenes de alta calidad que muestren el producto desde diferentes ángulos.

- Redacta una descripción clara, concisa y que destaque los beneficios del producto.

3. Define tu estrategia de precios.
- Establece un precio competitivo en función de tu público objetivo, costes y márgenes de beneficio.
- Repasa las diferentes estrategias de precios para elegir la que mejor se adapte a tu producto.

Fase 2: Despegue.
4. Obtén ventas orgánicas.
- Posiciona tu producto en las primeras páginas de búsqueda mediante la optimización del listing y el uso de keywords relevantes.
- Implementa estrategias de SEO y marketing de contenidos fuera de Amazon (Contenido A+).
- Aprovecha las palabras clave long tail para aumentar la visibilidad en búsquedas específicas.

5. Consigue reseñas.
- Ofrece un servicio al cliente excepcional y un producto de alta calidad para incentivar reseñas positivas.
- Utiliza plataformas de cupones para obtener reseñas a cambio de descuentos.
- Evita solicitar reseñas falsas o engañosas, ya que esto viola las políticas de Amazon.

6. Activa campañas de anuncios PPC.
- Crea campañas en Amazon Ads para aumentar la visibilidad y las ventas.
- Selecciona las palabras clave relevantes y define tu presupuesto, puja y duración de la campaña.
- No utilices prácticas publicitarias engañosas o falsas, ya que esto puede acarrear sanciones.

Fase 3: Navegando por el cosmos Amazon. Monitoreo y optimización.

- Monitoriza el rendimiento de tu producto en Seller Central (ventas, conversiones, reseñas).
- Analiza los datos y realiza ajustes en tu estrategia en función de los resultados obtenidos.
- Optimiza tu listing de forma continua para mejorar su posicionamiento.
- Responde rápidamente a las preguntas y comentarios de los clientes.
- Zona de peligro: Acciones a evitar

¡Atención! Acciones durante el lanzamiento que **violan** las políticas de Amazon pueden llevar al cierre de tu cuenta.

- Ofrecer incentivos a cambio de reseñas positivas.
- Falsificar reseñas o crear cuentas falsas.
- Utilizar imágenes o descripciones engañosas.
- Incluir contenido protegido por derechos de autor.
- No cumplir con los plazos de envío y entrega.
- Emplear técnicas de manipulación de resultados de búsqueda.

$ $ $ $ $

A9

"A9 es la llave que abre las puertas del éxito en Amazon. Domínalo y tu marca privada escalará a la cima."

El algoritmo A9 es el guardián del éxito en las búsquedas. Este complejo sistema determina el orden en que se muestran los productos a los clientes, impactando directamente en las ventas.

A9 es el algoritmo de búsqueda de Amazon, el cerebro que organiza y presenta los resultados a los usuarios. Su objetivo principal es ofrecer la experiencia de compra más satisfactoria, mostrando productos altamente relevantes para cada consulta.

"El algoritmo A9 es un gigante en constante evolución. Mantente actualizado y adapta tus estrategias para seguirle el ritmo."

¿Cómo funciona? A9 evalúa diversos factores para clasificar los productos, incluyendo:

- Palabras clave. Relevancia en título, bullets, descripción y etiquetas.
- Historial de ventas. Prioriza productos con ventas recientes y consistentes.
- Velocidad de ventas actual. Valora las ventas más recientes sobre las pasadas.
- Precio. Busca competitividad en comparación con productos similares.
- Inventario. Penaliza la falta de stock.
- Reseñas y opiniones: Cantidad y calidad de las valoraciones de clientes.
- Contenido del lista de. Calidad y relevancia de la información del producto.
- Tasa de conversión. Porcentaje de visitas que terminan en compra.
- Logística. FBA (cumplimiento por Amazon) tiene ventaja sobre FBM.

¿Qué puedes hacer para posicionarte en la cima?

- Optimiza tu contenido. Investiga palabras clave: Identifica términos relevantes y con alta demanda.
- Crea títulos y bullets atractivos. Destaca las características y beneficios clave.
- Redacta descripciones completas e informativas: Incluye detalles relevantes y optimiza para SEO.
- Utiliza imágenes y videos de alta calidad: Muestra tu producto en acción.
- Domina la logística. Mantén un nivel de stock adecuado: Evita roturas y penalizaciones.
- Ofrece opciones de envío atractivas: FBA te brinda ventajas en velocidad y servicio.
- Resuelve problemas de forma rápida y eficaz: Mantén una alta satisfacción del cliente.

$$\$ \ \$ \ \$ \ \$ \ \$$$

Reseñas

"Somos criaturas miméticas. Formamos nuestras opiniones y comportamientos mirando lo que hacen los demás."

Robert Cialdini

Las reseñas son el alma de Amazon. Son la voz de los clientes, la prueba social que impulsa las ventas y la confianza en tu marca. En este capítulo, te guiaremos a través de su importancia y te compartiremos estrategias efectivas para obtenerlas de manera lícita.

La **importancia** de las reseñas en Amazon:
- Aumentan la visibilidad: Las reseñas positivas posicionan tu producto en los primeros lugares de búsqueda, atrayendo más tráfico y potenciales compradores.
- Generan confianza: Los compradores confían en las opiniones de otros usuarios. Reseñas positivas generan confianza en tu producto y marca, aumentando las conversiones.
- Mejoran la reputación: Las reseñas positivas construyen una imagen sólida de tu marca, asociándola con calidad, confiabilidad y satisfacción del cliente.
- Son un termómetro del éxito: Las reseñas te permiten conocer la experiencia real de los compradores, identificar áreas de mejora y optimizar tu producto y servicio.

Cómo obtener reseñas de manera lícita:

1. Programa **Amazon Vine.**

Exclusivo para FBA: Este programa invita a clientes seleccionados a escribir reseñas a cambio de productos gratuitos.

Inversión estratégica: Activarlo tiene un costo por producto y marketplace. Úsalo para productos clave y marcas registradas en Brand Registry.

2. Aprovecha tu **red cercana.**

Pide reseñas honestas. Solicita a amigos y familiares que compartan su experiencia genuina con tu producto. Recuerda que las reseñas falsas están prohibidas por Amazon.

3. **Solicita** reseñas a tus compradores.

Correos electrónicos personalizados. Tras la compra, envía un mensaje personalizado invitando a dejar una reseña honesta sobre su experiencia. Herramientas de seguimiento: Utiliza herramientas como Helium 10 o Jungle Scout para automatizar el envío de correos electrónicos de seguimiento y solicitud de reseñas.

4. **Tarjetas de agradecimiento** con recordatorio.

Incluye una tarjeta: En el paquete de envío, agrega una tarjeta agradeciendo la compra e invitando a dejar una reseña sincera. Resalta la importancia: Enfatiza el valor de su retroalimentación para mejorar tu servicio.

5. **Publica testimonios positivos** en redes sociales.

Comparte experiencias: Comparte en las redes sociales de tu marca testimonios positivos recibidos de clientes, siempre que no estén directamente vinculados a una reseña en Amazon.

6. Pon en marcha un programa de **mejora continua** del producto:

Recopila feedback: Crea un sistema para recibir comentarios sobre la calidad y funcionalidad del producto, independientemente de las reseñas en Amazon. Mejora continua. Utiliza estos comentarios para optimizar tu producto y ofrecer una mejor experiencia al cliente. Enfócate en una experiencia de cliente excepcional.

7.Brinda un **servicio al cliente** impecable: Resuelve problemas y preocupaciones de manera eficiente y amable. Un cliente satisfecho es más propenso a dejar una reseña positiva.

8. Forma a tu **equipo** sobre las políticas de Amazon.

Normas claras. Si trabajas con un equipo, asegúrate de que todos conozcan y sigan las políticas de Amazon al interactuar con los clientes.

Recuerda

Las reseñas son un activo invaluable en Amazon. Al implementar estas estrategias de manera ética y responsable, podrás construir una reputación sólida, aumentar las ventas y alcanzar el éxito en la plataforma.

Evita. No lo hagas.

- Dar incentivos a cambio de reseñas. Ofrecer productos o compensaciones a cambio de reseñas positivas está estrictamente prohibido por Amazon.
- Reseñas falsas. Crear o comprar reseñas falsas puede dañar tu reputación y resultar en la suspensión de tu cuenta de vendedor.
- Usar un lenguaje inapropiado con los compradores. Mantén un tono profesional y respetuoso en todas tus comunicaciones con los clientes.

$ $ $ $ $

Sección 13. Publicidad & Métricas

Publicidad. Amazon ADS

"Destaca entre la multitud con anuncios patrocinados y campañas PPC."

Amazon Ads: Domina los anuncios patrocinados y las campañas PPC para disparar tus ventas

En Amazon, la competencia por obtener la atención de los clientes es feroz. Para destacar y aumentar las ventas de tus productos, necesitas una estrategia publicitaria sólida. Ahí es donde entra en juego Amazon Ads, una plataforma poderosa que te permite crear anuncios patrocinados y campañas PPC (Pago Por Clic) altamente efectivas.

¿Qué son los anuncios patrocinados en Amazon?

Los anuncios patrocinados en Amazon, también conocidos como anuncios PPC, son una forma de publicidad en la que pagas por cada clic que recibe tu anuncio. Estos anuncios se muestran en ubicaciones destacadas de los resultados de búsqueda y las páginas de detalles de productos, lo que aumenta la visibilidad de tus productos y las posibilidades de que los clientes potenciales los vean y compren.

¿Cómo funcionan las campañas PPC en Amazon Ads?

Las campañas PPC en Amazon Ads funcionan mediante un sistema de pujas. Estableces la cantidad máxima por clic, compitiendo en una subasta con otros vendedores por visibilidad. El anunciante con la puja más alta y un anuncio relevante tiene mayores probabilidades de aparecer en búsquedas relacionadas con sus palabras clave.

Beneficios de usar Amazon Ads para tus productos:

- Aumenta la visibilidad. Los anuncios patrocinados te ayudan a colocar tus productos en la parte superior de los resultados de búsqueda, donde los clientes potenciales son más propensos a verlos y comprarlos.

- Incrementa las ventas. Las campañas PPC bien optimizadas pueden generar un aumento significativo en las ventas de tus productos.
- Mejora el posicionamiento orgánico. Las ventas generadas por las campañas PPC pueden mejorar el ranking orgánico de tu producto en Amazon para las palabras clave que generaron la conversión.
- Segmentación precisa. Puedes segmentar tus anuncios por palabras clave, categorías, marcas y otros criterios para llegar a tu público objetivo de manera más efectiva.
- Control del presupuesto. Estableces un presupuesto diario para tus anuncios y solo pagas cuando alguien hace clic en ellos.
- Mejora la reputación. Los anuncios patrocinados pueden mejorar la reputación de tus productos al mostrarlos como productos populares y recomendados en Amazon.
- Medición y análisis. Amazon te proporciona informes detallados sobre el rendimiento de tus anuncios, permitiéndote medir y analizar el éxito de tus campañas.

Tipos de campañas de anuncios en Amazon Ads:
- Campañas automáticas. Amazon selecciona las palabras clave y los productos relevantes para mostrar tus anuncios.
- Campañas manuales. Seleccionas las palabras clave y los productos específicos para tus anuncios.
- Sponsored Products (Anuncios patrocinados de productos). Aparecen en los resultados de búsqueda y en las páginas de detalles de productos.
- Sponsored Brands (Marcas patrocinadas). Promociona tu marca y productos en ubicaciones destacadas de los resultados de búsqueda.
- Sponsored Display (Display patrocinado). Muestra tus productos en sitios web y aplicaciones asociadas a Amazon.
- Video Ads (Anuncios de video): Reproduce anuncios en video en diferentes ubicaciones de Amazon.

$ $ $ $ $

Métricas en Amazon ADS

"Los datos son el poder que te impulsa al éxito en Amazon Ads."

Domina los datos y conquista las ventas.

Los datos son la brújula que guía hacia el éxito. Sin métricas precisas, navegar por las campañas publicitarias PPC (Pago Por Clic) se vuelve un viaje a ciegas. Para que tu marca brille en Amazon Ads, es fundamental dominar las métricas clave y convertirlas en tus aliadas para impulsar las ventas.

Métricas más importantes en Amazon Ads:

1. ACoS (Costo de Venta Publicitaria).
El ACoS es tu indicador fundamental para evaluar si tus campañas te están dando un buen retorno de inversión. Representa el porcentaje de tus ventas totales que se han generado a partir de anuncios patrocinados.

Un ACoS bajo significa que estás obteniendo un buen ROI, mientras que un ACoS alto te indica que necesitas optimizar tus campañas.

Fórmula: ACoS = (Inversión en publicidad / Ingresos por publicidad) x 100

2. TACoS (Total Advertising Cost of Sale).
El TACoS te da una perspectiva más amplia de la rentabilidad al considerar el gasto total en publicidad en relación con las ventas totales, no solo las generadas por los anuncios. Te permite evaluar la eficiencia de tus campañas en conjunto, identificando áreas de mejora.

Fórmula: TACoS = (Inversión en publicidad / Ingresos Totales) x 100

3. CTR (Tasa de Clics). El poder de la atracción

La tasa de clics (CTR) mide cuántas veces se hace clic en tu anuncio en comparación con la cantidad de veces que se muestra. Un CTR alto indica que tu anuncio es relevante y atractivo para tu público objetivo, lo que te beneficia con un mayor alcance y menores costos.

4. CPC (Coste por Clic). Controla tus inversiones.

El CPC es el precio que pagas cada vez que alguien hace clic en tu anuncio. Esta métrica te ayuda a mantenerte dentro del presupuesto y optimizar el gasto en publicidad para obtener el máximo rendimiento.

5. CR (Tasa de Conversión).

La tasa de conversión (CR) mide cuántos clics en tu anuncio se convierten en ventas. Un CR alto indica que tu anuncio está generando resultados concretos y que tu producto es atractivo para tu público objetivo.

6. Impresiones. Expande tu visibilidad.

Las impresiones muestran cuántas veces se ha enseñado tu anuncio a los usuarios en Amazon. Monitorizar las impresiones te permite evaluar la visibilidad de tus anuncios y el alcance de tu audiencia.

7. ROI (Retorno de Inversión): La recompensa de tu esfuerzo.

El ROI te permite evaluar si tus campañas publicitarias están generando un buen retorno de inversión. Mide la ganancia obtenida en relación con el costo de la inversión. Un ROI positivo indica que tus campañas están generando resultados rentables.

Fórmula: ROI = (Ingresos - Costes) / Costes x 100

8. ROAS (Retorno de la Inversión en Publicidad)

El ROAS permite medir la efectividad de tus campañas publicitarias en función del gasto en publicidad y los ingresos generados. Se expresa como un porcentaje y te ayuda a determinar si tus campañas están generando un ROI positivo.

Fórmula: ROAS = Ingresos por Ventas / Gastos

Ejemplo de ROAS

Supongamos una campaña publicitaria en Amazon Ads para promover un producto, y los datos de la campaña son los siguientes:

Gasto en publicidad: $500
Ingresos generados por la campaña: $2,000
Cálculo del ROAS, utilizas la fórmula:

ROAS = Ingresos generados / Gasto en publicidad
ROAS= 2000$ / 500$ = **4**

Un ROAS de 4 significa que por cada dólar que hemos gastado en publicidad en Amazon, generamos 4 dólares en ingresos. Este indicador ayuda a entender la rentabilidad de tu inversión publicitaria. En este ejemplo, la campaña está funcionando de manera efectiva, dado que estás obtenemos ingresos significativos en relación con el gasto en publicidad.

"Convierte las métricas en tus aliadas".

"Dominar las métricas de Amazon Ads no es solo una opción, es una necesidad para el éxito. Al comprender y analizar estos datos clave, podrás optimizar tus campañas publicitarias, mejorar tu retorno de inversión y alcanzar tus objetivos de ventas."

$ $ $ $ $

Métricas clave para vendedores de Amazon FBA de marca privada

"Los datos son el nuevo petróleo. El que los sepa interpretar, tendrá el poder."
Mark Zuckerberg

Para medir el éxito de tu negocio de marca privada en Amazon FBA, es fundamental comprender y monitorear las métricas clave que reflejan tu rendimiento en la plataforma. Estas métricas te brindan información valiosa sobre la salud de tu negocio, te permiten identificar áreas de mejora y tomar decisiones estratégicas para optimizar tus ventas.

A continuación, vemos algunas de las métricas más importantes para los vendedores de Amazon FBA:

Métricas de ventas y conversiones.

- Unidades vendidas. La cantidad total de unidades de tu producto vendidas en un período determinado.
- Ventas totales. El ingreso total generado por las ventas de tu producto.
- Tasa de conversión. El porcentaje de visitantes de tu página de producto que realizan una compra.
- Precio promedio de venta (ASP). El precio promedio por unidad de tu producto vendido.
- Margen de beneficio. La diferencia entre tu costo de producción y tu precio de venta.

Métricas de Inventario.

- Rotación de Inventario. La frecuencia con la que tu inventario se vende y se repone.
- Días de inventario disponible. El número promedio de días que un producto permanece en tu inventario antes de venderse.
- Inventario agotado. La cantidad de unidades de tu producto que están fuera de stock.

- Exceso de inventario: La cantidad de unidades de tu producto que superan la demanda actual.

Métricas de posicionamiento y visibilidad.
- Clasificación de búsqueda. La posición de tu producto en los resultados de búsqueda de Amazon para las palabras clave relevantes.
- Tráfico de la página del producto. El número de visitantes que llegan a tu página de producto.
- Impresiones. El número de veces que se muestra tu producto en los resultados de búsqueda.
- Clic en la Página del Producto (CPC). El número de veces que se hace clic en tu producto en los resultados de búsqueda.

Métricas de retroalimentación del cliente.
- Calificación Promedio de Reseñas: La calificación promedio otorgada a tu producto por los clientes en Amazon.
- Número de Reseñas: La cantidad total de reseñas que ha recibido tu producto.
- Sentimiento de las Reseñas: El análisis del tono general de las reseñas de los clientes (positivo, negativo, neutral).

Herramientas para monitorear las métricas.
Amazon Seller Central proporciona información básica sobre algunas de estas métricas. Existen herramientas de terceros más avanzadas que te permiten profundizar en el análisis de datos y obtener información más detallada sobre el rendimiento de tu negocio.

$ $ $ $ $

Sección 14. Mapa

Fases para triunfar en Amazon FBA con Marca Privada

"Aprovecha el poder de Amazon FBA para convertir tus sueños empresariales en realidad."

En este capítulo vemos un resumen de las fases esenciales para lograr el éxito en Amazon FBA con marca privada. Cada una de estas etapas ha sido abordada en diferentes secciones del libro, pero aquí se ofrece una visión global del proceso completo.

Fases clave para el éxito en Amazon FBA Marca Privada

1. Formación y preparación.

- Adquiere conocimientos sólidos. La base del éxito radica en una excelente formación. Estudia libros, videos, cursos y podcasts sobre Amazon FBA. Familiarízate con la plataforma y el equipo de Amazon Seller Central.

- Acepta el reto. Vender en Amazon implica resolver problemas constantemente. Ten paciencia y recuerda que el trato a los vendedores no siempre es óptimo.

- Amazon es un gran marketplace, pero no olvides que los vendedores también son clientes. Cuida a tus clientes y ellos cuidarán de tu marca.

2. Configura tu cuenta de vendedor.

- Crea tu cuenta de vendedor. Abre una cuenta de vendedor en [se quitó una URL no válida] en el país donde deseas iniciar tu negocio.

- Elige tu nicho de mercado. Define un nicho específico con demanda en el mercado. Utiliza herramientas como Helium 10 o Jungle Scout para basar tu decisión en datos.

3. Desarrolla tu marca.

- Define tu marca: Crea una marca sólida, reconocible y confiable.

- Desarrolla una imagen de marca coherente a través de la elección de colores, packaging y gráficos.

- Registra tu marca: Protege tu marca registrándola en un organismo público como la OEPM o EUIPO.

- Registra tu marca en Amazon Brand Registry: Aprovecha las ventajas del programa Amazon Brand Registry para proteger tu marca en la plataforma.

- Crea una tienda en Amazon: Establece tu propia tienda en Amazon para mostrar tus productos y fortalecer tu marca.

4. Búsqueda y selección de productos.

- Investiga con herramientas de palabras clave: Utiliza herramientas de Amazon para identificar productos populares en tu nicho.

- Analiza los números: Evalúa costes, márgenes, beneficios y ROI. Ten en cuenta las tarifas de Amazon para calcular tus ganancias.

- Busca proveedores: Define tu estrategia de proveedores (nacionales, europeos, asiáticos, etc.) y encuentra proveedores confiables en plataformas como Alibaba o 1688.

5. Lanzamiento de productos

- Publica los listings: Crea listings optimizados en Seller Central, incluyendo descripciones detalladas y atractivas para posicionar tus productos en los primeros resultados de búsqueda.

- Crea contenido A+: Desarrolla contenido A+ para cada producto, destacando sus características y beneficios.

- Inscríbete en Logística de Amazon (FBA): Aprovecha el servicio FBA para que Amazon se encargue del almacenamiento, envío y atención al cliente de tus productos.

- Envía tu inventario: Empaqueta y envía tus productos al centro logístico de Amazon siguiendo las instrucciones proporcionadas.

6. Obtención y gestión de reseñas

- Fomenta las reseñas: Busca reseñas honestas de tus clientes a través de servicios como Amazon Vine o automatizando solicitudes de reseñas.
- Monitoriza las reseñas: Responde a las reseñas de forma profesional y oportuna, tanto positivas como negativas.

7. Análisis y optimización

- Utiliza las herramientas de Seller Central: Aprovecha las herramientas analíticas de Seller Central para obtener datos, monitorizar el rendimiento de tus productos y ajustar tu estrategia según sea necesario.
- Crea tu "Cuadro de Mando": Define indicadores clave de rendimiento (KPIs) para evaluar la evolución de tu negocio y tomar decisiones estratégicas.

8. Crecimiento y expansión

- Construye una audiencia: Invierte en publicidad a través de marcas patrocinadas para aumentar el alcance de tu marca y productos.
- Expande tu oferta: Considera introducir nuevos productos o categorías para ampliar tu negocio.
- Vende en más marketplace (Europa, EEUU, Canadá…)

$ $ $ $ $

Gracias

¡Muchísimas gracias por elegir leer mi libro! Espero que hayas disfrutado de la lectura tanto como yo disfruté escribiéndolo.

Me encantaría saber tu opinión sobre el libro y agradecería mucho si pudieras dejar una reseña honesta en la página del producto en Amazon.

Tu feedback es fundamental para mí y para otros lectores que están considerando leer mi trabajo.

Un fuerte abrazo
Jack

$ $ $ $

Made in United States
Orlando, FL
29 September 2024

52091015R00087